GrandSoft 广联达软件

适用于工程造价、工程管理类等相关专业

广联达工程造价类软件实训教程

第二版

图形软件篇

广联达软件股份有限公司 编写

人民交通出版社
China Communications Press

图书在版编目（CIP）数据

广联达工程造价类软件实训教程.图形软件篇/广
联达软件股份有限公司编. —2 版.--北京：人民交通
出版社，2010.8
ISBN 978-7-114-08579-6

Ⅰ.①广… Ⅱ.①广… Ⅲ.①建筑工程-工程造价-
应用软件-技术培训-教材 Ⅳ.①TU723.3-39

中国版本图书馆 CIP 数据核字 (2010 第 150067 号

书　　名：广联达工程造价类软件实训教程——图形软件篇 (第二版)
著 作 者：广联达软件股份有限公司
责任编辑：邵　江　刘彩云
出版发行：人民交通出版社
地　　址：(100011)北京市朝阳区安定门外外馆斜街 3 号
网　　址：http://www.ccpress.com.cn
销售电话：(010) 59757973
总 经 销：人民交通出版社发行部
经　　销：各地新华书店
印　　刷：北京鑫正大印刷有限公司
开　　本：787×1092　1/16
印　　张：4.75
字　　数：112 千
版　　次：2008 年 5 月　第 1 版
　　　　　2010 年 8 月　第 2 版
印　　次：2021 年 1 月　第 28 次印刷　累计第 31 次印刷
书　　号：ISBN 978-7-114-08579-6
定　　价：20.00 元
(有印刷、装订质量问题的图书由本社负责调换)

前　言

随着建筑信息化的发展及计算机的迅速普及，工程造价电算化已经成为必然的趋势。

在最近 10 年，造价行业已经发生了巨大的变化：中国的基础建筑投资平均每年以 15%的速度增长，但造价从业人员的数量，已经不足 10 年前的 80%，造价从业人员的平均年龄比 10 年前降低了 8.47 岁，粗略计算目前平均每个造价从业者的工作量大概是 10 年前的 40倍。在这个过程中，电算化起的作用是显而易见的，造价工作者学习、使用计算机辅助工作也是必然的选择，否则一定跟不上行业的发展，还会因时间问题，准确性及工作强度过大等原因而退出造价行业。

我们统计过这样一组数据，一根三跨的平面整体表示方法标注的梁，让大家手工计算钢筋，在 20min 能够计算出结果的只有 15.224%（2006 年统计了参加培训班的 624 人的结果），与严格按平法图籍要求的计算方法计算的正确结果相比，结果正确的只有 0.32%（在 624 人中只有 2 个人的计算结果是正确的）。在学习完广联达算量软件，使用一段时间比较熟练后，用软件在 1min 内能够计算出正确结果的比例为 97.077%（错误的原因是因为录入时疏忽，导致输入错误造成）。一万平方米的工程，利用 GCL 软件在一天内计算出准确完整工程量也已司空见惯，由此可以看到电算化的重要性、电算化给我们工作上带来的方便及普及电算化的必要性。

为了使从业人员在进入社会后能更好的从事造价工作，能够快速地学会使用工程造价算量软件，我们特编制了本教材。

教材的编制主要以具体的工程实例的绘图计算过程为主线，过程中加入常用功能的使用方法及常见问题的处理方法，通过讲解加练习的形式以满足初学者的需要，也希望通过本教材的学习，大家能够掌握学习和使用软件的方法，以便在学习后可以自行学习和测试解决实际应用过程中遇到的使用问题。

本课程的学习目标：

1. 掌握用 GCL2008 做工程的流程；

2. 掌握用 GCL2008 计算主要构件工程量的方法；

3. 建立应用软件的信心，敢用软件做工程。

最后希望大家通过学习本教材，能够得到点石成金的手指，将软件应用到实际工作中，快速脱离枯燥烦琐的手工计算，走上轻松快乐的电算化造价人生之旅！

版 权 申 明

　　本课程由广联达软件股份有限公司（以下简称广联达公司）开发，广联达公司保留本课程的所有版权和知识产权，任何单位和个人未经授权不得使用和复制本课程的讲师讲义、学生手册、图纸和答案、授课录像、软件视频帮助以及仿真教学软件。广联达公司保留对侵犯其知识产权行为的索偿和追究法律责任的权力。

广联达软件股份有限公司

目录

目录

第1单元 识 图 练 习

1.1 工程概况表

请看图，从图纸上找到并填写以下信息：

工 程 概 况 表

项　　目	内　　容	说　　明
工程名称		
工程类别		住宅，厂房，写字楼
结构类型		砖混，框架，全现浇
基础形式		独立，条形，满堂红，桩基，混合
建筑特征		矩形，L形，凸形，凹形，其他
地上层数		
地下层数		
标准层		
檐高		
建筑面积		
室内外高差		
外墙裙高度		

图 纸 登 记 表

工程名称：

设计院：

联络人：

图号	图纸名称	数量	图纸收到日期

1.2 任务交底

依据老师要求，填写任务书。

任务书

类　别	选　择	备　注
任务类别		招标书，投标书
进度要求		编制完成的时间限制
采用模式		清单模式，定额模式
采用的定额和计算规则		定额的地域和版本号
计算范围		本次需要计算的范围
不计算的范围		不需要计算的范围
汇总形式		按分层汇总，按分部汇总
采用的规范		设计所采用的施工规范和图集，例如88J1等图集

1.3 阅读设计总说明

阅读设计总说明，理解图纸设计内容，同时完成分层混凝土和砂浆强度等级表。

分层混凝土和砂浆强度等级

构件类别	各层的混凝土或砂浆强度等级						
	基础层	首层	二层	三层	屋面层		
混凝土墙							
砖墙							
石墙							
砌块墙							
构造柱							
砖柱							
框架柱							
圈梁							
框架梁							
板							

1.4 分层练习

依据图纸和老师的要求，为了将所有要计算的工程量全面列出，做到不漏项，自下而上需要哪些分层？

楼层表

楼层编码	楼层名称	层高（m）	备　注
0			
1			
2			
3			
4			
5			
6			

第2单元 画图准备

2.1 新建工程

左键双击广联达公司软件图标 ，进入"欢迎使用 GCL2008"界面，如图 2.1.1 所示。

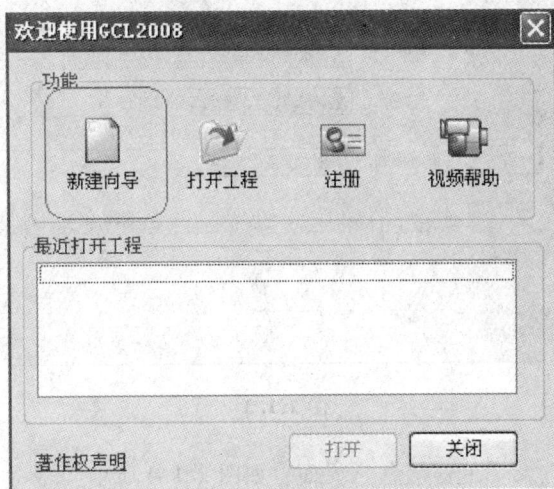

图 2.1.1

左键单击"新建向导"，进入"新建工程"界面，如图 2.1.2 所示。

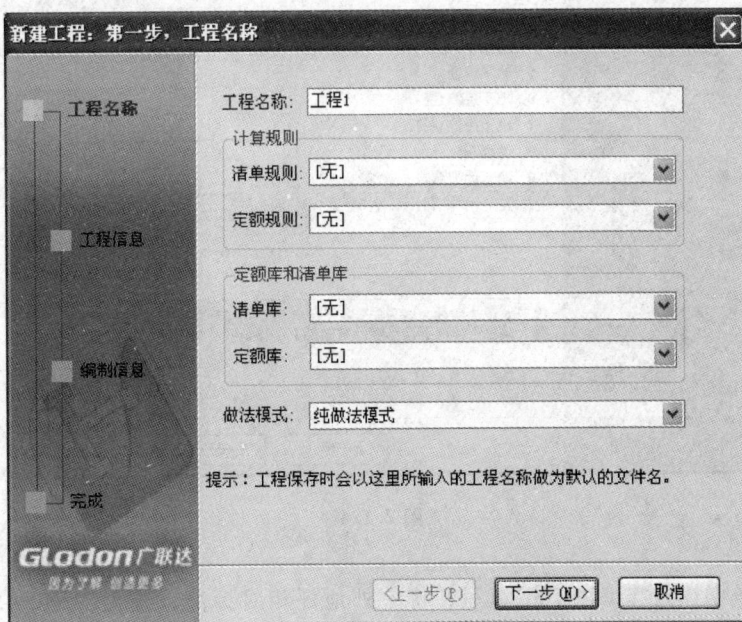

图 2.1.2

填写"工程名称",单击"清单模式",选择"清单规则"和"定额规则"以及"清单库"和"定额库",如图 2.1.3 所示。

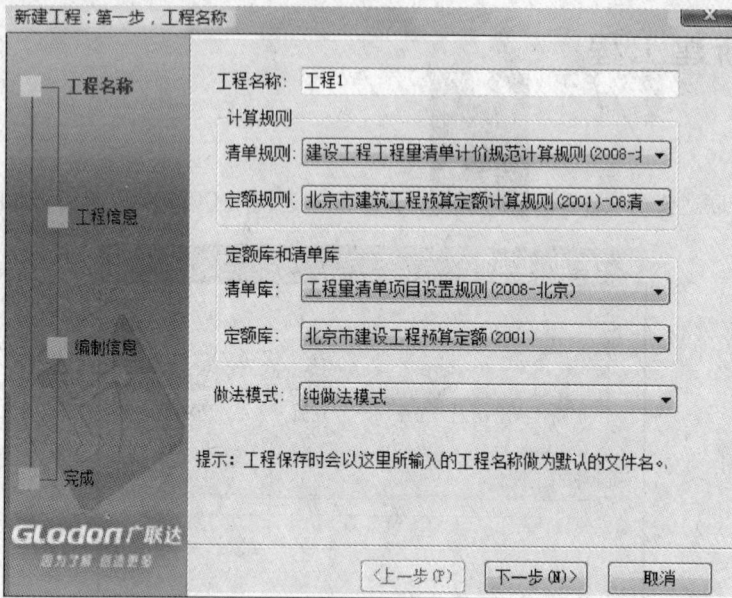

图 2.1.3

单击"下一步",进入"工程信息"界面,如图 2.1.4 所示。

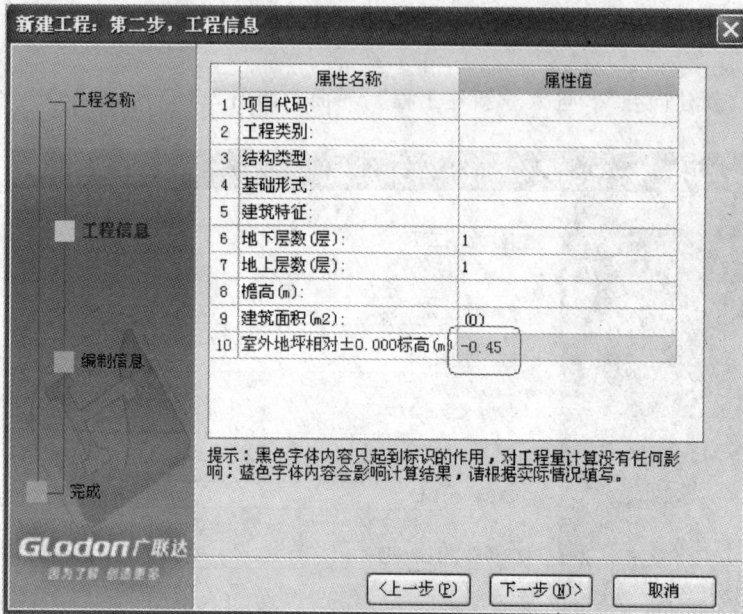

图 2.1.4

该部分黑色字体内容可以不用填写,将室外地坪相对标高,改为"−0.45"然后单击"下一步",进入"编制信息"界面,如图 2.1.5 所示。

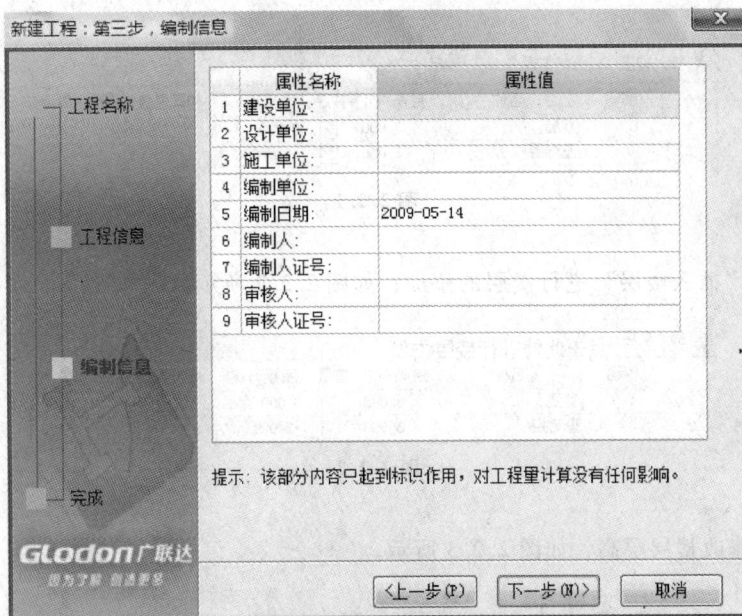

图 2.1.5

该部分内容也不用填写。单击"下一步"进入"完成"界面，如图 2.1.6 所示。

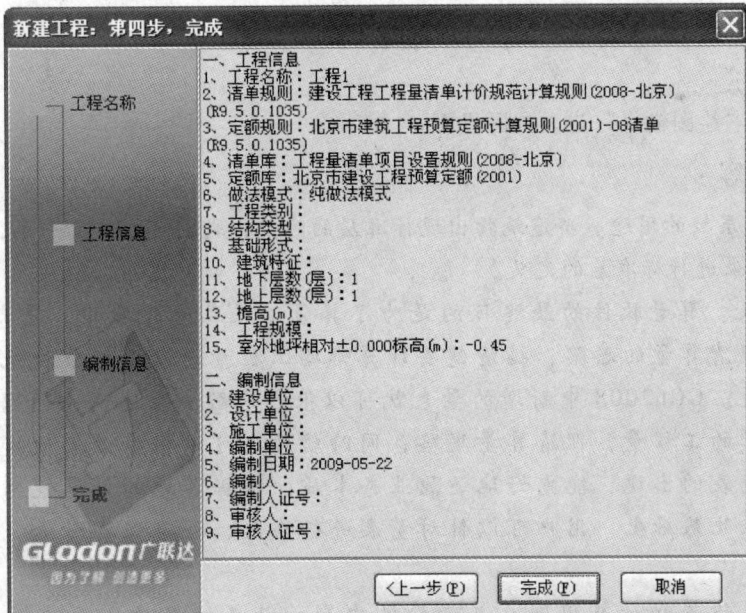

图 2.1.6

单击"完成"。

2.2　新建楼层

进入"楼层管理"界面，如图 2.2.1 所示。

插入楼层 删除楼层 上移 下移

	编码	名称	层高(m)	首层	底标高(m)	相同层数	现浇板厚(m)
1	1	首层	3.000	☑	0.000	1	120
2	0	基础层	3.000	☐	-3.000	1	120

图 2.2.1

左键点击“插入楼层”进行楼层的添加，如图 2.2.2 所示。

插入楼层 点击此处进行楼层添加

	编码	名称	层高(m)	首层	底标高(m)	相同层数	现浇板厚(m)
1	1	首层	3.000	☑	0.000	1	120
2	0	基础层	3.000	☐	-3.000	1	120

图 2.2.2

根据图纸修改楼层层高，如图 2.2.3 所示。

插入楼层 删除楼层 上移 下移

	编码	名称	层高(m)	首层	底标高(m)	相同层数	现浇板厚(m)
1	4	第4层	0.600	☐	10.800	1	120
2	3	第3层	3.600	☐	7.200	1	120
3	2	第2层	3.600	☐	3.600	1	120
4	1	首层	3.600	☑	0.000	1	120
5	0	基础层	1.500	☐	-1.500	1	120

图 2.2.3

左键单击“绘图输入”进入画图界面。

提高内容：

（1）相同层数的用途。当建筑物出现标准层的时候，我们可以建立一层，然后在该行输入相同层数来进行标准层的定义。

（2）量表。算量软件的最终目的是为了算量，在算量过程中，有两点很重要：一是一定要理清算量的思路，搞清楚要计算哪些工程量；二是能便捷地汇总出自己想要的工程量。GCL2008 中新增的量表就可以很好地解决上述两个问题。通过量表列出需要计算的工程量，理清算量思路，同时软件也可以根据量表便捷地汇总想要的工程量。量表的出现，能更好地还原业务本质。根据各地的计算规则，软件内置默认量表，在此基础上，用户可以针对量表进行修改，并可保存量表，以供其他工程使用。

（3）计算设置和计算规则。算量软件中影响计算结果的主要有两个方面的内容，一个是构件自身的计算方式，比如我们通常所说的按照实体积计算还是按照规则计算；另一个是构件相互之间的扣减关系。针对以上两个方面，GCL2008 都做了优化，在计算设置中我们可以修改构件自身的计算方式。在计算规则中列出了各种构件的扣减方法，用户可以进行修改。有些情况下某些构件的计算规则是有争议的，规则放开后用户调整或修改起来就很方便。另一方面计算规则放开也可以帮助用户更好的理解软件的计算。

2.3 新建轴网

左键点击"构件列表"、"属性"两个功能键，如图 2.3.1 所示。

图 2.3.1

选择模块导航栏中的"轴网"，左键单击构件列表中的"新建"，如图 2.3.2 所示。

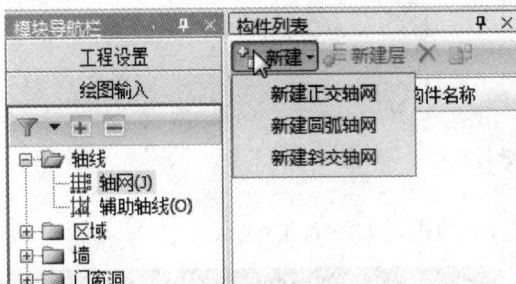

图 2.3.2

左键单击"新建正交轴网"进入"新建轴网"界面，如图 2.3.3 所示。

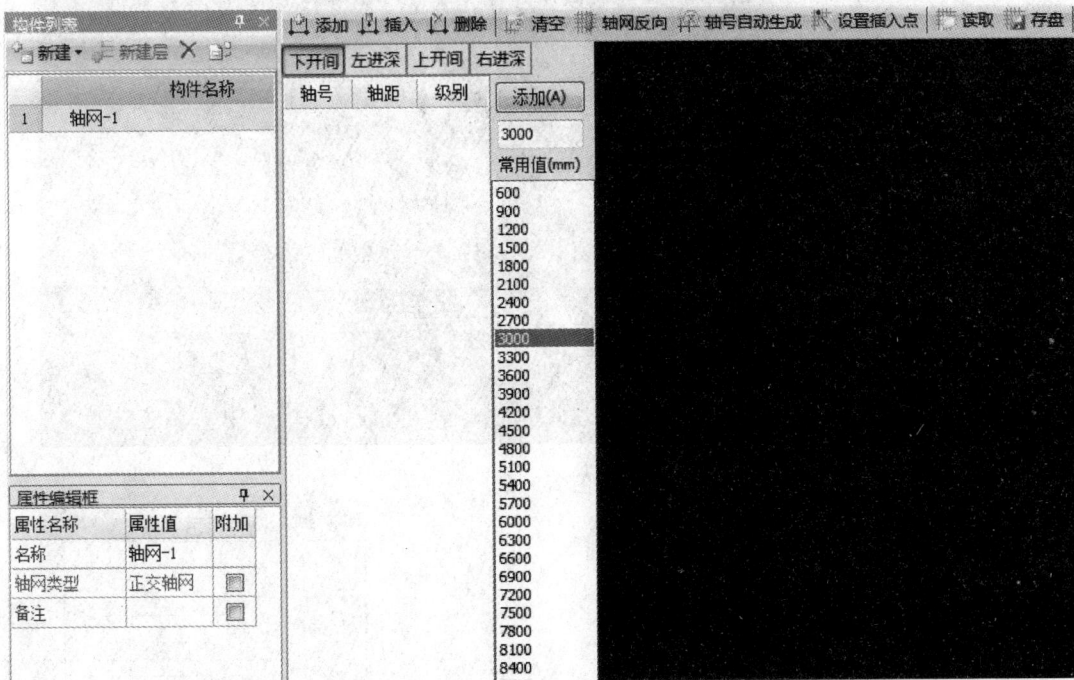

图 2.3.3

左键单击"下开间"，根据图纸输入所需轴距6000，按回车键，如图2.3.4所示。
根据图纸依次输入上开间所需的轴距，如图2.3.5所示。

图2.3.4 　　　　　　　　　　　　图2.3.5

根据图纸输入所需的所有轴距，如图2.3.6所示。

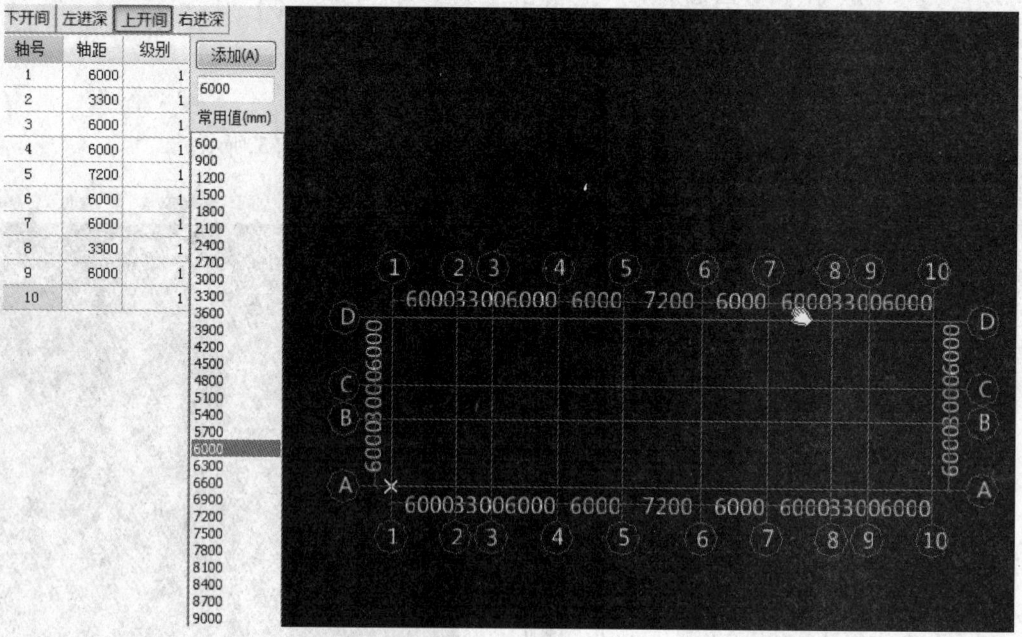

图2.3.6

左键单击"绘图"，进入"绘图界面"，如图2.3.7所示。

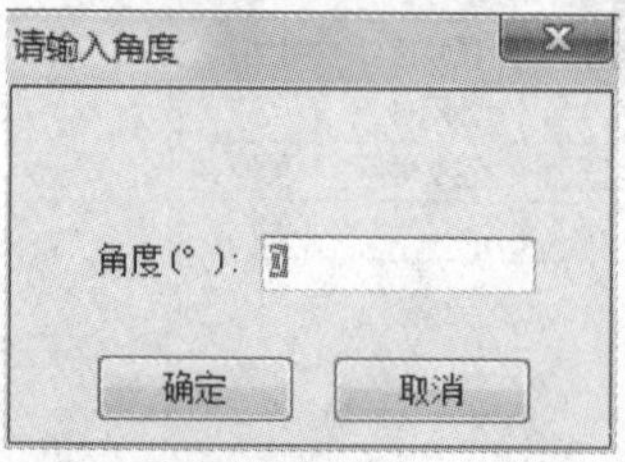

图2.3.7

左键单击"确定",出现如图 2.3.8 所示界面。

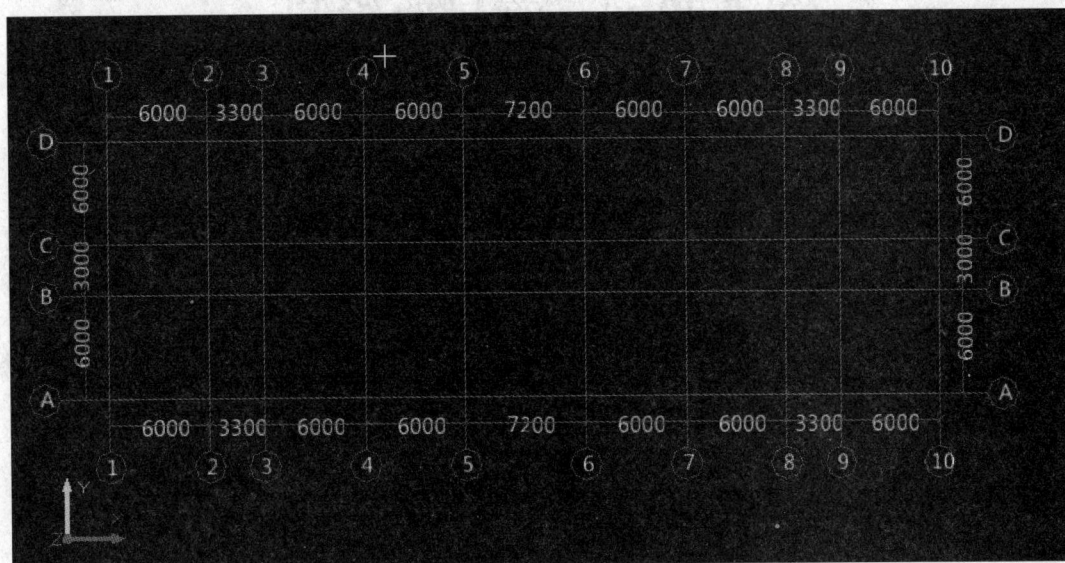

图 2.3.8

到此轴网建立完成。

第3单元　首层的绘制

3.1　柱子的建法及画法

3.1.1　柱子的建法

1）KZ－1 的属性编辑

单击左侧模块导航栏中"柱"下拉菜单，单击"柱"，单击"构件列表"对话框中的"新建"下拉菜单，单击"新建矩形柱"，如图3.1.1所示。

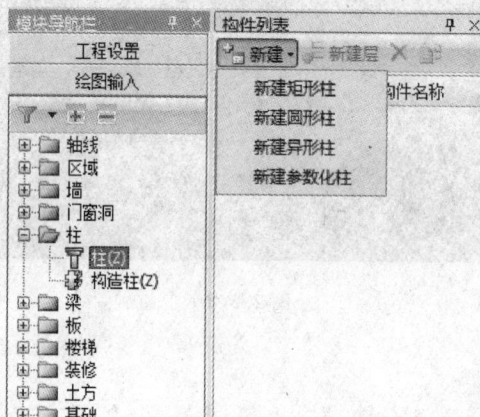

图 3.1.1

单击"新建矩形柱"，在下方的柱"属性编辑框"中，根据图纸填写 KZ1 的属性值，如图3.1.2所示。

图 3.1.2

2）KZ－1 的构件做法

单击"常用功能栏"上的"定义"功能键，自动切换到定义界面，单击"查询"下拉菜单，如图3.1.3所示。

单击"查询匹配清单项"，出现如图3.1.4所示匹配清单项。

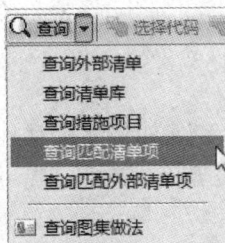

图 3.1.3

图 3.1.4

左键双击项目名称下"矩形柱",柱子的清单项就选择好了。为了后面汇总工程的方便,我们把柱子的名称"矩形柱(700*600)"复制到项目名称里,如图 3.1.5 所示。

图 3.1.5

3.1.2 Z-1 的建法

Z-1 的建法同 KZ-1。

1)Z-1 的属性编辑

柱子的属性编辑,如图 3.1.6 所示。

图 3.1.6

2)Z-1 的构件做法

柱子的构件做法,如图 3.1.7 所示。

图 3.1.7

左键单击"绘图"退出。

3.1.3　柱子的画法

1）KZ－1画法

进入到绘图界面后，我们以 KZ－1 在（A，1）交点为例来讲解不偏移柱的画法，单击模块导航栏中"柱"下拉菜单，单击"柱"，从构件列表界面中选择 KZ－1，如图 3.1.8 所示。

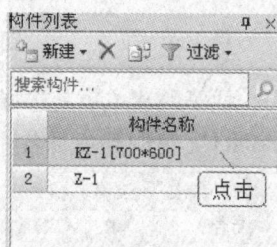

图 3.1.8

选择"KZ－1"，左键单击"点"画法，单击（A，1）交点就可以了。

其他 1~5 轴线不偏移柱子的画法同上。

2）Z－1画法

选择"Z－1"，左键单击"点"画法，Shift＋鼠标左键选择（D，2）交点出现如图 3.1.9 所示的偏移对话框，输入偏移值 X＝0，Y＝－1250。

左键单击"确定"，Z－1 就画好了，另一个 Z－1 画法相同。

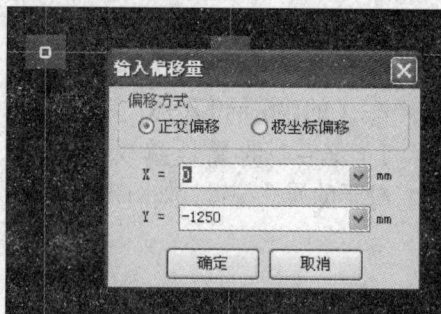

图 3.1.9

3）画好的柱子

画好的 1~5 轴所有的柱子，如图 3.1.10 所示。

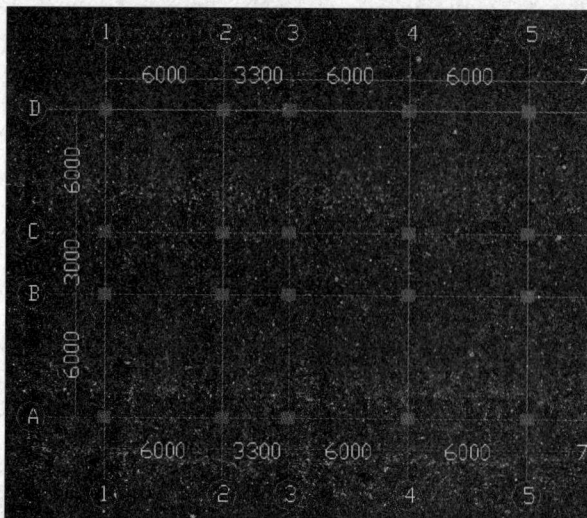

图 3.1.10

4) 汇总柱的工程量

单击"汇总计算",出现汇总计算对话框,如图 3.1.11 所示。

选择首层,单击"确定",等计算完毕单击"确定"。

单击"查看工程量",点鼠标左键,拉框选择 1～5 轴所有柱子,点"做法工程量",如图 3.1.12 所示。

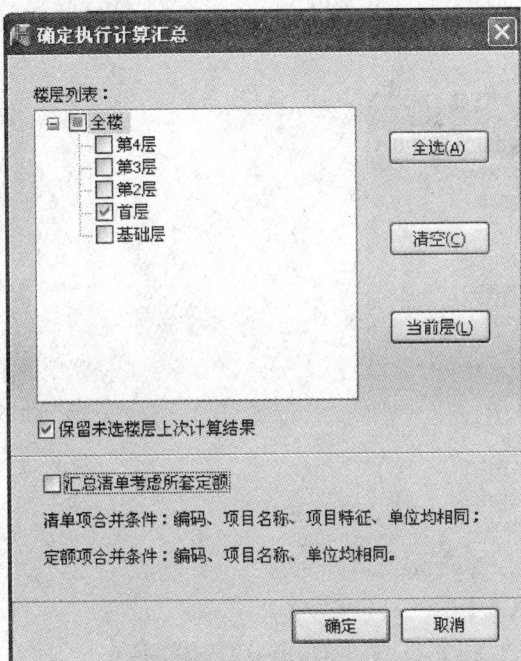

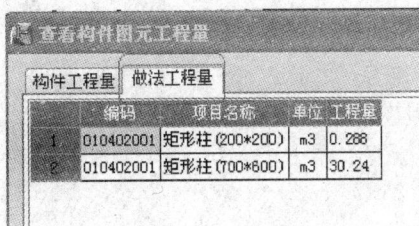

图 3.1.12

图 3.1.11

从首层平面图可以看出,1～5 轴线和 6～10 轴线是完全对称关系,我们先画 1～5 轴线的所有构件,再用软件镜像的关系把剩余的构件镜像过去就可以了。

提高内容:

(1) 属性中附加列。工程中构件多了之后,单凭 KZ‐1、KZ‐2 这样的构件名称不好进行区分,这时可以在附加列中挑勾让构件名称增加描述,看得更清楚,如图 3.1.13 所示。

(2) Shift + 鼠标左键。主要是正交偏移的功能,在摁住键盘 Shift 的同时,在画图界面找到相应的点,鼠标左键确认,在偏移对话框里输入相应的值。

(3) "查看工程量"的快捷键 F10。

(4) "汇总计算"的快捷键 F9。

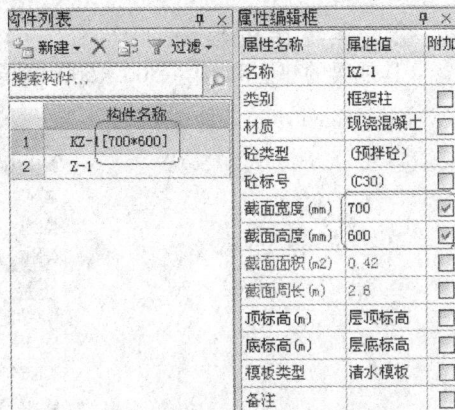

图 3.1.13

3.2　梁的建法及画法

3.2.1　梁的建法

建梁的方法与建柱子类似,这里不讲具体的操作步骤,已经建好的梁的属性与构件做法

如下。（注意：KL1～KL9 的截面都为 300＊600，所以在这里只讲解一个）

1）KL－300＊600 建法

（1）KL－300＊600 的属性编辑。单击左侧模块导航栏"梁"下拉菜单，单击"梁"，单击"构件列表"对话框中的"新建"下拉菜单，单击"新建矩形梁"，在下方"属性编辑框"输入相应属性，如图 3.2.1 所示。

（2）KL－300＊600 的构件做法。和柱子"构件做法"操作步骤一样，我们建梁的构件做法如图 3.2.2 所示。

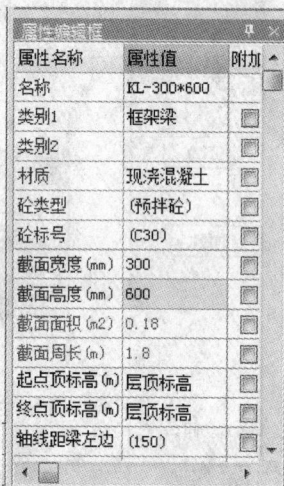

图 3.2.1

图 3.2.2

2）其他梁的建法

其他梁的建法和 KL－300＊600 相同，如图 3.2.3～图 3.2.10 所示。

图 3.2.3

	编码	类别	项目名称	单位	工程量表达	表达式说明
1	010405001	项	有梁板(梁)	m3	TJ	TJ〈体积〉

图 3.2.4

属性名称	属性值	附加
名称	L-250*500	
类别1	非框架梁	☐
类别2		☐
材质	现浇混凝土	☐
砼类型	(预拌砼)	☐
砼标号	(C30)	☐
截面宽度(mm)	250	☐
截面高度(mm)	450	☐
截面面积(m2)	0.125	☐
截面周长(m)	1.5	☐
起点顶标高(m)	层顶标高	☐
终点顶标高(m)	层顶标高	☐
轴线距梁左边	(125)	☐

图 3.2.5

	编码	类别	项目名称	单位	工程量表达	表达式说明
1	010405001	项	有梁板(梁)	m3	TJ	TJ〈体积〉

图 3.2.6

属性名称	属性值	附加
名称	L-250*450	
类别1	非框架梁	☐
类别2		☐
材质	现浇混凝土	☐
砼类型	(预拌砼)	☐
砼标号	(C30)	☐
截面宽度(mm)	250	☐
截面高度(mm)	450	☐
截面面积(m2)	0.1125	☐
截面周长(m)	1.4	☐
起点顶标高(m)	层顶标高	☐
终点顶标高(m)	层顶标高	☐
轴线距梁左边	(125)	☐

图 3.2.7

	编码	类别	项目名称	单位	工程量表达	表达式说明
1	010405001	项	有梁板(梁)	m3	TJ	TJ〈体积〉

图 3.2.8

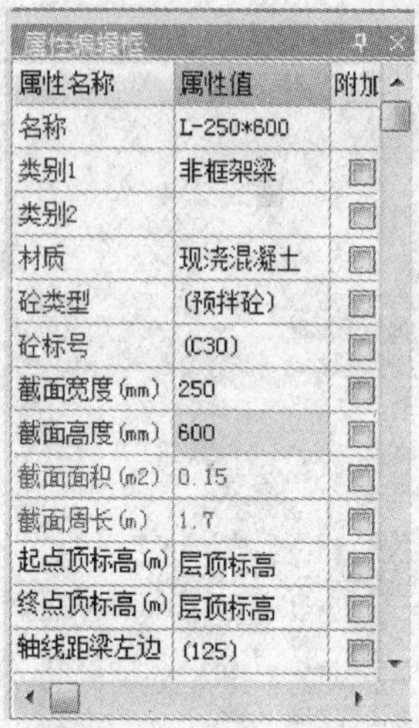

图 3.2.9

图 3.2.10

左键单击"绘图"退出。

3.2.2 梁的画法

1) 不偏移画法

我们以 KL－300＊600（B 轴线/1～5 轴线）来讲解不偏移梁的画法，操作步骤如下：

单击模块导航栏中"梁"下拉菜单，单击"梁"，构件列表如图 3.2.11 所示。

选择"KL－300＊600"，单击"直线"画法，左键单击（1，B）交点，单击（5，B）轴线的相交点，单击右键结束。

C 轴线/1～5 段、2 轴线/A～D 段、3 轴线/A～D 段、4 轴线/A～D 段、5 轴线/A～D 段的梁的画法相同。

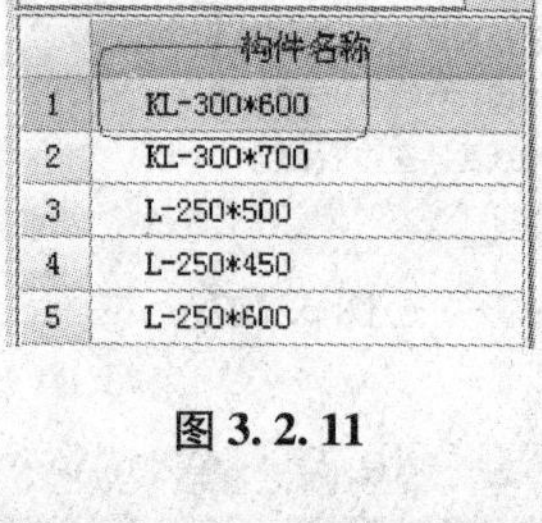

图 3.2.11

2) 偏移画法

我们以 KL－300＊600（A 轴线/1～5 轴线）来讲解偏移梁的画法。

单击模块导航栏中"梁"下拉菜单，单击"框架梁"，构件列表如图 3.2.11 所示。

选择"KL-300*600",单击"直线"画法,单击(A,1)交点,单击(A,5)交点,单击右键结束,单击"选择"按钮,选中画好的梁,单击左侧"对齐"下拉框中的"单对齐",单击A轴线上任意一根柱子的左边线,单击梁左边线的任意一点,鼠标右键确认即可。

D轴线/1~5段、1轴线/A~D段的梁画法相同。

3)梁的延伸画法

由于1轴线、A轴线、D轴线的梁是偏移的梁,所以它们不相交,我们用延伸的画法使它们相交,操作步骤如下:

(1)单击"选择"按钮,在英文状态下按"Z"键取消柱子显示状态。单击"延伸",单击A轴线的梁作为目的线(注意不要选中A轴线),分别单击与A轴线垂直的所有梁,单击右键结束。

(2)单击1轴线的梁做为目的线,分别单击与1轴线垂直所有的梁,单击右键结束。

(3)单击D轴线的梁做为目的线,分别单击与D轴线垂直所有的梁,单击右键结束。

4)L-250*500的画法

从构件列表中选择L-250*500,单击"直线"画法,左手按住 Shift 键,左键单击(C,2)交点,出现"输入偏移量"对话框,如图3.2.12所示,填写Y值为1500,单击"确定"。

单击"垂点"按钮,单击1轴线的梁,单击右键结束。

5)L-250*450的画法

从构件列表中选择L-250*500,单击"直线"画法,选择"L-250*450",左手按住 Shift 键,左键单击(D,2)交点,出现"输入偏移量"对话框,如图3.2.13所示,填写X值为-3000,单击"确定"。

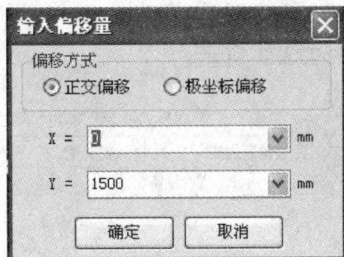

图 3.2.12

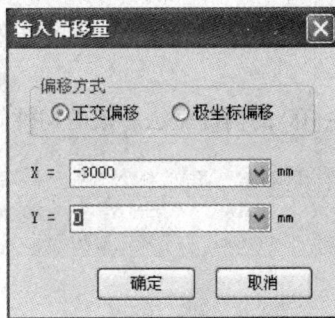

图 3.2.13

单击 L-250*500,单击右键结束。

6)画好的梁图

画好的梁如图3.2.14所示。

7)汇总梁的工程量

单击"汇总计算",出现汇总计算对话框,选择首层,单击"确定",等计算完毕单击"确定",单击"查看工程量",点鼠标左键,拉框选择1~5轴所有梁,点"做法工程量",如图3.2.15所示。

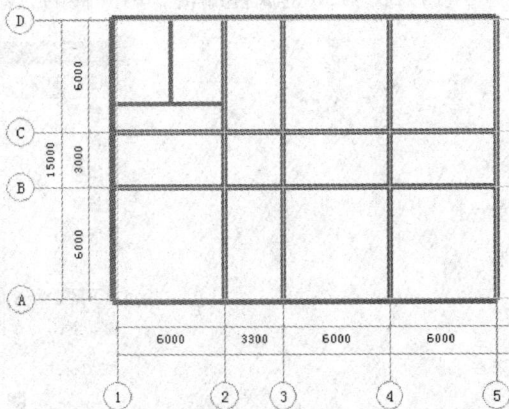

图 3.2.14

	编码	项目名称	单位	工程量
1	010405001	有梁板 (梁)	m3	26.4297

图 3. 2. 15

3.3 板的建法及画法

3.3.1 板的建法

我们以 LB－100 为例来讲解板的建法。

1) LB－100 的建法

（1）LB－100 的属性编辑。单击左侧模块导航栏"板"下拉菜单，单击"现浇板"，单击"构件列表"对话框中的"新建"下拉菜单，单击"新建现浇板"，在下方"属性编辑框"中输入相应属性，如图 3.3.1 所示。

属性名称	属性值	附加
名称	LB-100	
类别	有梁板	☐
砼类型	(预拌砼)	☐
砼标号	(C25)	☐
厚度(mm)	100	☐
顶标高(m)	层顶标高	☐
是否是楼板	是	☐
模板类型	清水模板	☐
备注		☐

图 3.3.1

（2）LB－100 的构件做法。板的构件做法，如图 3.3.2 所示。

	编码	类别	项目名称	单位	工程量表达式	表达式说明
1	010405001	项	有梁板 (B100)	m3	TJ	TJ<体积>

图 3.3.2

2) LB－150 的建法

（1）LB－150 的属性编辑。用同样的方法建立板 LB－150，如图 3.3.3 所示。

属性名称	属性值	附加
名称	LB-150	
类别	有梁板	☐
砼类型	(预拌砼)	☐
砼标号	(C25)	☐
厚度(mm)	150	☐
顶标高(m)	层顶标高	☐
是否是楼板	是	☐
模板类型	清水模板	☐
备注		☐

图 3.3.3

（2）LB－150 的构件做法。如图 3.3.4 所示。

编码	类别	项目名称	单位	工程量表达式	表达式说明
1	010405001	项	有梁板（B150）	m3	TJ	TJ〈体积〉

图 3.3.4

左键单击"绘图"退出。

3.3.2　板的画法

1）画板

选择"LB－100"，单击"点"，分别在 LB－100 的位置单击左键，画好的 LB－100 的板，如图 3.3.5 所示。

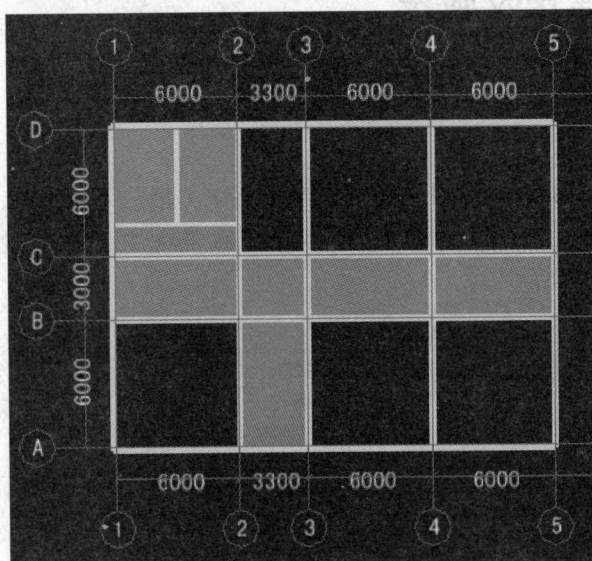

图 3.3.5

用同样的方法画 LB－150 的板，画好的板如图 3.3.6 所示。（注意：不要画上楼梯间的板）

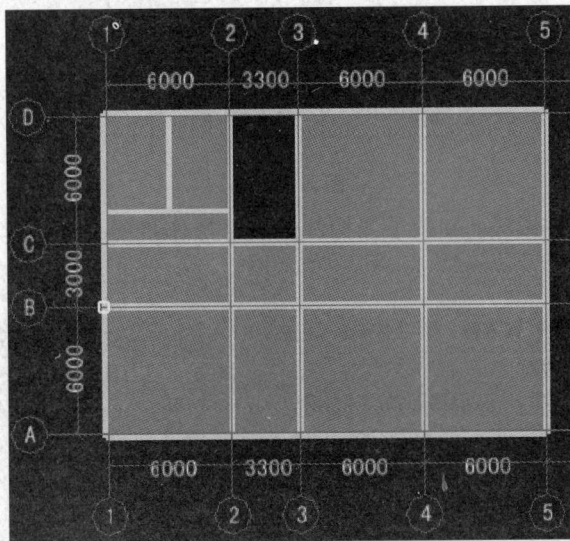

图 3.3.6

2）汇总板的工程量

操作步骤同梁和柱子，板的工程量如图3.3.7所示。

	编码	项目名称	单位	工程量
1	010405001	有梁板B100	m3	10.674
2	010405001	有梁板B150	m3	25.1845

构件工程量　做法工程量

图3.3.7

3.4　墙的建法及画法

3.4.1　墙的建法

我们以"外墙—下"为例来讲解墙的建法。

1）外墙—下的建法

（1）外墙—下的属性编辑。单击左侧模块导航栏中"墙"下拉菜单，单击"墙"，单击"构件列表"对话框中的"新建"下拉菜单，单击"新建外墙"，在下方"属性编辑框"输入相应属性，如图3.4.1所示。

属性名称	属性值	附加
名称	外墙-下	
类别	加气块墙	☐
材质	砌块	☐
砂浆类型	(混合砂浆)	☐
砂浆标号	(M5)	☐
厚度(mm)	250	☐
轴线距左墙皮	(125)	☐
内/外墙标志	外墙	☐
起点顶标高(m)	0.9	☐
终点顶标高(m)	0.9	☐
起点底标高(m)	层底标高	☐
终点底标高(m)	层底标高	☐
备注		☐

属性编辑框

图3.4.1

（2）外墙—下的构件做法。和柱子"构件做法"操作步骤一样，建墙250的构件做法，如图3.4.2所示。

🔲添加清单　🔲添加定额　✕删除　🔲项目特征　🔍查询　▾　ƒx换算　▾　🔲选择代码　🔲编辑计算式　〈〉

	编码	类别	项目名称	单位	工程量表达式	表达式说明
1	010304001	项	空心砖墙、砌块墙（外墙-下）	m3	TJ	TJ〈体积〉

图3.4.2

2）外墙—上、内墙的建法

外墙—上、内墙的属性编辑，方法与新建"外墙—下"相同，如图3.4.3~图3.4.6所示。

图 3. 4. 3

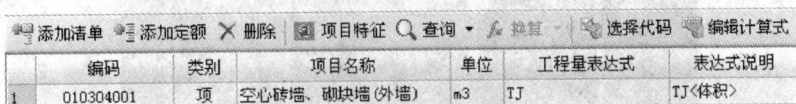

	编码	类别	项目名称	单位	工程量表达式	表达式说明
1	010304001	项	空心砖墙、砌块墙(外墙)	m3	TJ	TJ〈体积〉

图 3. 4. 4

图 3. 4. 5

	编码	类别	项目名称	单位	工程量表达式	表达式说明
1	010304001	项	空心砖墙、砌块墙(内墙)	m3	TJ	TJ〈体积〉

图 3. 4. 6

左键单击"绘图"退出。

3.4.2 墙的画法

1)画外墙—下

进入到绘图界面后,从构件列表界面中选择"外墙—下",单击"直线"按钮,单击(A,5)交点,单击(A,1)交点,单击(D,1)交点,单击(D,5)交点,单击右键结束。

单击"选择"按钮,在英文状态下按"Z"键取消柱子隐藏状态,选中 A 轴线画好的墙

250，单击左侧"对齐"下拉框中的"单对齐"，单击 A 轴线任意一根柱子的下侧边线，单击 A 轴线墙的下侧边线。

1 轴线、D 轴线的外墙—下的偏移方法相同。

2）画外墙—上

外墙—上和外墙—下的画法相同。

3）画内墙

（1）用不偏移画法画内墙。在构件列表里选择"内墙"，单击"直线"，单击（B，1）交点，单击（B，5）交点，单击右键结束。

其他内墙的画法相同。画好的内墙如图 3.4.7 所示。

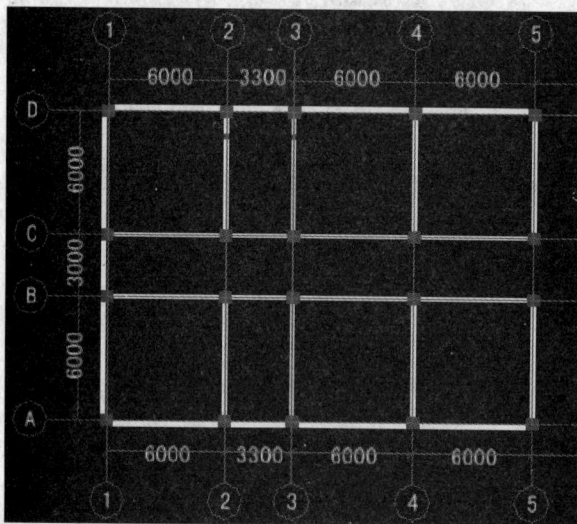

图 3.4.7

（2）用偏移画法画 200 厚的墙。

第一步：在构件列表里选择"内墙"，单击"直线"按钮，左手按住 Shift 键，左键单击（C，2）交点，出现"输入偏移量"对话框，如图 3.4.8 所示，填写 Y 值为 1500，单击"确定"。

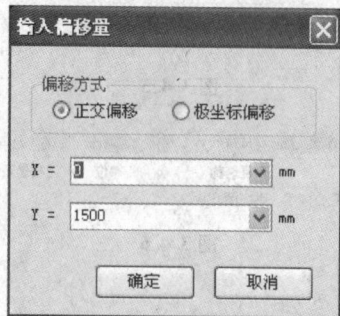

图 3.4.8

单击 1 轴线的墙，单击右键结束。

第二步：左手按住 Shift 键，左键单击（D，2）交点，出现"输入偏移量"对话框，如图 3.4.9 所示，填写 X 值为 -3000，单击"确定"。

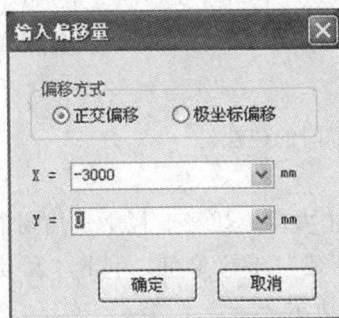

图 3.4.9

单击刚画好的与 C 轴线平行的墙，单击右键结束。

（3）墙的延伸画法。由于 1 轴线、A 轴线、D 轴线的墙是偏移的墙，所以它们不相交，我们用延伸的画法使它们相交，操作步骤如下：

单击"选择"按钮，单击"延伸"，在英文状态下按"Z"键取消柱子显示状态。单击 A 轴线的墙作为目的线（注意不要选中 A 轴线），分别单击与 A 轴线垂直的所有墙，单击右键结束。

单击 1 轴线的墙做为目的线，分别单击与 1 轴线所有垂直的墙，单击右键结束。

单击 D 轴线的墙做为目的线，分别单击与 D 轴线所有垂直的墙，单击右键结束。

（4）延伸后的墙图。如图 3.4.10 所示。

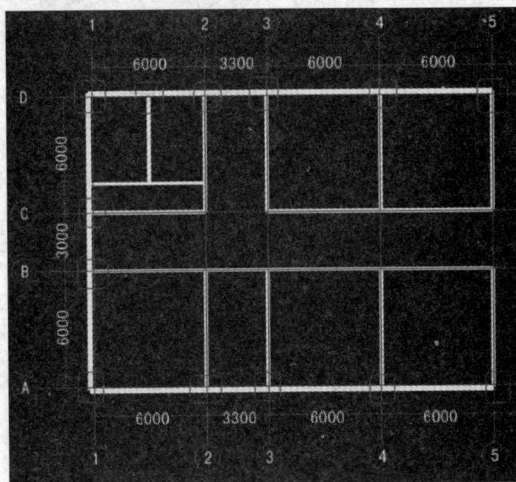

图 3.4.10

注意：应该取消柱子显示状态详细检查一下各个交点是否相交，如果不相交要再次延伸使其相交，因为这会影响到房间装修的工程量。

（5）汇总墙的工程量。如图 3.4.11 所示。

	编码	项目名称	单位	工程量
1	010304001	空心砖墙、砌块墙（内墙）	m3	52.7968
2	010304001	空心砖墙、砌块墙（外墙）	m3	26.355
3	010304001	空心砖墙、砌块墙（外墙-下）	m3	11.295

图 3.4.11

3.5　门窗的建法及画法

3.5.1　门的建法

我们以"M-1"为例来讲解门的建法。

1）M-1的建法

（1）M-1的属性编辑。单击左侧模块导航栏中"门窗洞"下拉菜单，单击"门"，单击"构件列表"对话框中的"新建"下拉菜单，单击"新建矩形门"，在下方"属性编辑框"输入相应属性，如图3.5.1所示。

属性名称	属性值	附加
名称	M-1	
洞口宽度(mm)	4500	
洞口高度(mm)	2900	
框厚(mm)	60	
立樘距离(mm)	0	
离地高度(mm)	0	
框左右扣尺寸	0	
框上下扣尺寸	0	
框外围面积(m2)	13.05	
洞口面积(m2)	13.05	
备注		

图 3.5.1

（2）M-1的构件做法。M-1的"构件做法"建立，如图3.5.2所示。

	编码	类别	项目名称	单位	工程量表达式	表达式说明
1	020404005	项	全玻门(带扇框)4500*2900	樘	SL	SL〈数量〉

图 3.5.2

2）其他门的建法

用同样的方法建立其他门，如图3.5.3~图3.5.6所示。

属性名称	属性值	附加
名称	M-2	
洞口宽度(mm)	900	
洞口高度(mm)	2400	
框厚(mm)	60	
立樘距离(mm)	0	
离地高度(mm)	0	
框左右扣尺寸	0	
框上下扣尺寸	0	
框外围面积(m2)	2.16	
洞口面积(m2)	2.16	
备注		

图 3.5.3

	编码	类别	项目名称	单位	工程量表达式	表达式说明
1	020401004	项	胶合板门900*2400	樘	SL	SL〈数量〉

图 3.5.4

图 3.5.5

	编码	类别	项目名称	单位	工程量表达式	表达式说明
1	020401004	项	胶合板门750*2100	樘	SL	SL〈数量〉

图 3.5.6

左键单击"绘图"退出。

3.5.2　门的画法

1）画门

进入到绘图界面后，从构件列表界面中选择"M-2"，单击"点"按钮，单击"Z"键使柱子处于显示状态，把鼠标拖到 C 轴线上，1、2 轴之间的墙上，如图 3.5.7 所示。

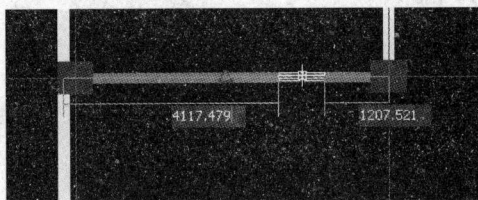

图 3.5.7

点击键盘上的 Tab 键，把光标切换到右侧栏里，输入 350，如图 3.5.8 所示。

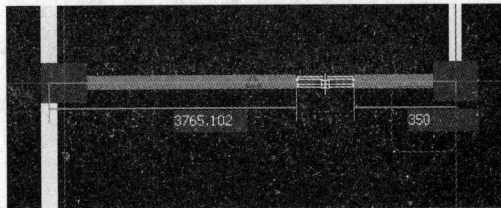

图 3.5.8

点击键盘上的回车键结束，如图 3.5.9 所示。

图 3.5.9

其他门的画法相同，画好的门如图 3.5.10 所示。

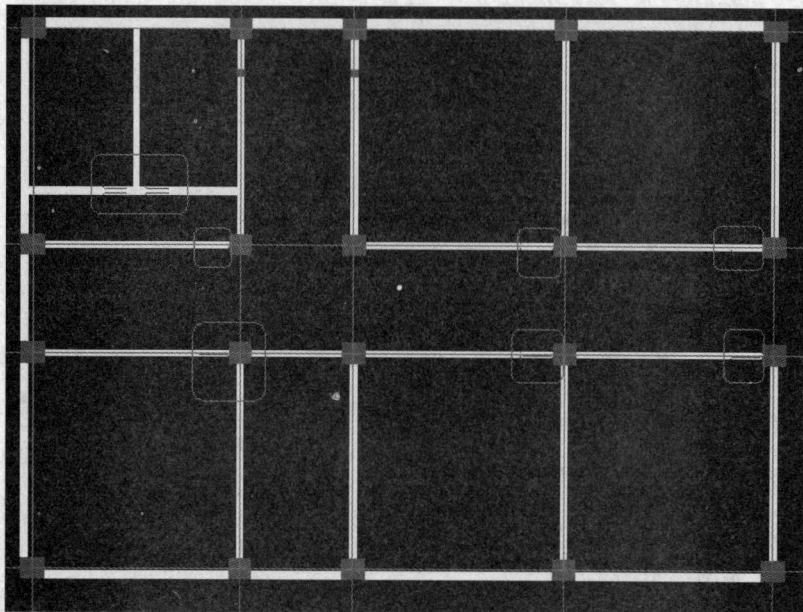

图 3.5.10

2）汇总门的工程量

门的工程量如图 3.5.11 所示。

	编码	项目名称	单位	工程量
1	020401004	胶合板门750*2100	樘	2
2	020401004	胶合板门900*2400	樘	7

图 3.5.11

3.5.3 窗的建法

1）C-1 的建法

（1）C-1 的属性编辑。用建立门的方法建立窗的属性，如图 3.5.12 所示。

属性名称	属性值
名称	C-1
洞口宽度 (m)	1500
洞口高度 (m)	2100
框厚 (mm)	60
立樘距离 (m)	0
离地高度 (m)	900
框左右扣尺	0
框上下扣尺	0
框外围面积	3.15
洞口面积 (m)	3.15
备注	
+ 显示样式	

图 3.5.12

（2）C－1500＊2100 的构件做法。用建立门的方法建立窗的构件做法，如图 3.5.13 所示。

编码	类别	项目名称	单位	工程量表达式	表达式说明
1	020406007	项	塑钢窗1500*2100	樘	SL	SL〈数量〉

图 3.5.13

2） 其他窗的建法

用同样的方法建立其他窗，如图 3.5.14～图 3.5.19 所示。

属性名称	属性值	附加
名称	C-2	
洞口宽度(mm)	3000	☐
洞口高度(mm)	2100	☐
框厚(mm)	60	☐
立樘距离(mm)	0	☐
离地高度(mm)	900	☐
框左右扣尺寸	0	☐
框上下扣尺寸	0	☐
框外围面积(m2)	6.3	☐
洞口面积(m2)	6.3	☐
备注		☐

图 3.5.14

编码	类别	项目名称	单位	工程量表达式	表达式说明
1	020406007	项	塑钢窗3000*2100	樘	SL	SL〈数量〉

图 3.5.15

属性名称	属性值	附加
名称	C-3	
洞口宽度(mm)	3900	☐
洞口高度(mm)	2100	☐
框厚(mm)	60	☐
立樘距离(mm)	0	☐
离地高度(mm)	900	☐
框左右扣尺寸	0	☐
框上下扣尺寸	0	☐
框外围面积(m2)	8.19	☐
洞口面积(m2)	8.19	☐
备注		☐

图 3.5.16

编码	类别	项目名称	单位	工程量表达式	表达式说明
1	020406007	项	塑钢窗3900*2100	樘	SL	SL〈数量〉

图 3.5.17

图 3.5.18

	编码	类别	项目名称	单位	工程量表达式	表达式说明
1	020406007	项	塑钢窗4500*2000	樘	SL	SL〈数量〉

图 3.5.19

左键单击"绘图"退出。

3.5.4　窗的画法

1）画窗

进入到绘图界面后，从构件列表界面中选择"C－2"，单击"点"按钮，单击把鼠标拖到 D 轴线上，4、5 轴之间的墙上，点击键盘上的 Tab 键，把光标切换到右侧栏里，输入1500，点击键盘上的回车键结束其他窗的画法相同，画好的窗如图 3.5.20 所示。

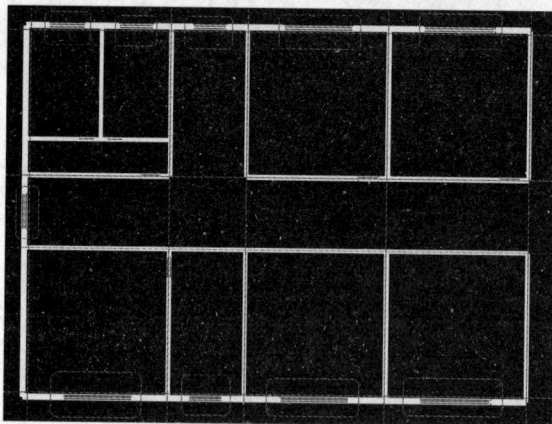

图 3.5.20

2）汇总窗的工程量

窗的工程量如图 3.5.21 所示。

	编码	项目名称	单位	工程量
1	020406007	塑钢窗1500*2100	樘	5
2	020406007	塑钢窗3000*2100	樘	5

图 3.5.21

3.6　过梁的建法及画法

3.6.1　过梁的建法

1）过梁的属性编辑

单击左侧模块导航栏中"过梁"，单击"构件列表"对话框中的"新建"下拉菜单，单击"新建矩形过梁"，在下方"属性编辑框"输入相应属性，如图3.6.1所示。（注意：不用填写截面宽度，软件默认过梁宽度为墙厚）

属性名称	属性值	附加
名称	GL-1	☐
材质	现浇混凝土	☐
砼类型	(预拌砼)	☐
砼标号	(C20)	☐
长度(mm)	(500)	☐
截面宽度(mm)		☐
截面高度(mm)	120	☐
起点伸入墙内	250	☐
终点伸入墙内	250	☐
截面周长(m)	0.24	☐
截面面积(m2)	0	☐
位置	洞口上方	☐
中心线距左墙	(0)	☐
备注		☐

图 3.6.1

2）过梁的构件做法

过梁的构件做法，如图3.6.2所示。

	编码	类别	项目名称	单位	工程量表达式	表达式说明
1	010407001	项	过梁	m3	TJ	TJ〈体积〉

图 3.6.2

左键单击"绘图"退出。

3.6.2　过梁的画法

1）画过梁

根据图纸所示，只有 M-2、M-3 上方布置过梁，其余门窗均不布置。

单击界面上的"智能布置"，选择"门、窗，门联窗、墙洞，带型窗、带型洞"，如图3.6.3所示。

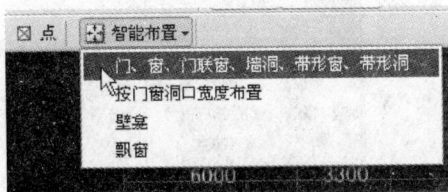

图 3.6.3

按键盘上的 F3，选择 M-2、M-3，如图3.6.4所示。

点击确定，单击鼠标右键结束。

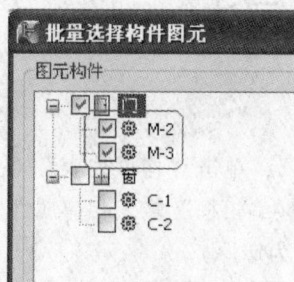

图 3.6.4

2）汇总过梁的工程量

过梁的工程量如图 3.6.5 所示。

3）计算墙的净量

墙的净量如图 3.6.6 所示。

	编码	项目名称	单位	工程量
1	010407001	过梁	m3	0.2532

图 3.6.5

	编码	项目名称	单位	工程量
1	010304001	空心砖墙、砌块墙（内墙）	m3	48.8896
2	010304001	空心砖墙、砌块墙（外墙一上）	m3	14.5425
3	010304001	空心砖墙、砌块墙（外墙一下）	m3	11.295

图 3.6.6

3.7 楼梯的建法及画法

3.7.1 梯梁的建法及构件做法

1）梯梁的建法

单击左侧模块导航栏"梁"下拉菜单，单击"梁"，单击"构件列表"对话框中的"新建"下拉菜单。

单击"新建矩形梁"，在下方"属性编辑框"输入相应属性，如图 3.7.1 所示。

属性名称	属性值	附加
名称	TL-1	
类别1	非框架梁	
类别2		
材质	现浇混凝	
砼类型	(预拌砼)	
砼标号	(C30)	
截面宽度(mm)	200	
截面高度(mm)	450	
截面面积(m2)	0.09	
截面周长(m)	1.3	
起点顶标高(m)	层顶标高	
终点顶标高(m)	层顶标高	
轴线距梁左边	(100)	
是否计算单梁	否	
图元形状	矩形	
模板类型	清水模板	
备注		

图 3.7.1

2）梯梁的构件做法

梯梁的构件做法如图 3.7.2 所示。

	编码	类别	项目名称	单位	工程量表达式	表达式说明
1	010403002	项	梯梁	m3	TJ	TJ〈体积〉

图 3.7.2

左键单击"绘图"退出。

3.7.2 梯梁的画法

1）画梯梁

选择"TL-1"，单击"直线"画法，左键单击 2 轴线 Z-1 的中点，单击右键结束。

根据图纸此处的梯梁实际是在 1.8m 的高度，所以把刚刚画好的梯梁选中，把顶标高改为如图 3.7.3 所示。

接下来继续画另一处梯梁，点住键盘 Shift 键，左键单击（2，C），Y 方向输入 1250，单击"确定"，单击 3 轴线的垂点，单击右键结束。

2）修改梯柱

单击左侧模块导航栏"柱"下拉菜单，单击"柱"，选择"构件列表"对话框中 Z-1，在下方"属性编辑框"修改相应属性，如图 3.7.4 所示。

属性编辑框		
属性名称	属性值	附加
名称	TL-1	
类别1	非框架梁	
类别2		
材质	现浇混凝	
砼类型	(预拌砼)	
砼标号	(C30)	
截面宽度(mm)	200	
截面高度(mm)	450	
截面面积(m2)	0.09	
截面周长(m)	1.3	
起点顶标高(m)	1.8	
终点顶标高(m)	1.8	
轴线距梁左边	(100)	
是否计算单梁	否	
图元形状	矩形	
模板类型	清水模板	
备注		

图 3.7.3

属性编辑框		
属性名称	属性值	附加
名称	Z1	
类别	框架柱	
材质	现浇混凝	
砼类型	(预拌砼)	
砼标号	(C30)	
截面宽度(mm)	200	
截面高度(mm)	200	
截面面积(m2)	0.04	
截面周长(m)	0.8	
顶标高(m)	1.8	
底标高(m)	层底标高	
模板类型	清水模板	
备注		

图 3.7.4

3）汇总梯梁，梯柱的工程量

梯梁，梯柱工程量如图 3.7.5、图 3.7.6 所示。

构件工程量	做法工程量		
编码	项目名称	单位	工程量
1	010403002	梯梁	m3	0.549

图 3.7.5

构件工程量	做法工程量		
编码	项目名称	单位	工程量
1	010402001	矩形柱 (200*200)	m3	0.144

图 3.7.6

3.7.3　休息平台的建法及做法

1）休息平台的建法

单击左侧模块导航栏"板"下拉菜单，单击"现浇板"，单击"构件列表"对话框中的"新建"下拉菜单，单击"新建现浇板"，在下方"属性编辑框"输入相应属性，如图 3.7.7所示。

属性名称	属性值	附加
名称	休息平台	
类别	有梁板	☐
砼类型	(预拌砼)	☐
砼标号	(C25)	☐
厚度(mm)	100	☐
顶标高(m)	层顶标高	☐
是否是楼板	否	☐
模板类型	清水模板	☐
备注		☐

图 3.7.7

2）休息平台的做法

休息平台的构件做法如图 3.7.8所示。

	编码	类别	项目名称	单位	工程量表达式	表达式说明
1	010405003	项	楼梯平板	m3	TJ	TJ〈体积〉

添加清单　添加定额　✕ 删除　项目特征　查询▾　换算▾　选择代码　编辑计算式

图 3.7.8

左键单击"绘图"退出。

3.7.4　休息平台的画法

1）画休息平台

选择"休息平台"，单击"矩形"画法，点住键盘 Shift 键，左键单击（2，D），Y 方向输入 50，单击"确定"。

点住键盘 Shift 键，左键单击（3，D），一方向输入 –1350，单击"确定"结束。

完成 1.8m 处的休息平台后需要对其标高进行调整，首先选中刚画好的休息平台板，调整标高如图 3.7.9所示。

属性名称	属性值
名称	休息平台
类别	有梁板
砼类型	(预拌砼)
砼标号	(C25)
厚度(mm)	100
顶标高(m)	层底标高+1.8(1
是否是楼板	否
模板类型	清水模板
备注	
⊞ 显示样式	

图 3.7.9

单击"矩形"画法,点住键盘Shift键,左键单击(2,C),Y方向输入1350,单击"确定",再选择(3,C),这样两块休息平台板就画完了。

2）汇总休息平台的工程量

梯梁,梯柱工程量如图3.7.10所示。

构件工程量	做法工程量				构件工程量	做法工程量		
	编码	项目名称	单位	工程量		编码	项目名称	单位	工程量
1	010405001	休息平台B100	m3	0.696	1	010403002	梯梁	m3	0.5513

图3.7.10

3.7.5 直型梯段的建法

1）直型梯段的属性编辑

单击左侧模块导航栏"楼梯"下拉菜单,单击"直型楼梯",单击"构件列表"对话框中的"新建"下拉菜单,单击"新建直段楼梯",楼梯的属性编辑建立,如图3.7.11所示。

属性编辑框		
属性名称	属性值	附加
名称	ZLT-1	
材质	现浇混凝土	☐
砼类型	(预拌砼)	☐
砼标号	(C20)	☐
踏步总高(mm)	1800	☐
踏步高度(mm)	150	☐
梯板厚度(mm)	100	☐
底标高(m)	层底标高	☐
建筑面积计算	不计算	☐
备注		☐

图3.7.11

2）直型梯段的构件做法

直型梯段的构件做法如图3.7.12所示。

左键单击"绘图"退出。

	编码	类别	项目名称	单位	工程量表达式	表达式说明
1	020102001	项	石材楼地面	m2	TBLMMJ+TBPMMJ	TBLMMJ<踏步立面面积>+TBPMMJ<踏步平面面积>

图3.7.12

3.7.6 直型楼梯的画法

1）画直型楼梯

单击"矩形"按钮,单击"顶点"、"中点"按钮,选中板的顶点及中点如图3.7.13、图3.7.14所示。

图 3.7.13　　　　　　　　　　　　　　图 3.7.14

　　画完两个直型梯段后，会发现它们的底标高都是层底标高，所以需要调整其中一个直型梯段的底标高，改为"层底标高 + 1.8"，操作如下：

　　首先选中右侧的直型梯段，在属性编辑框中修改底标高，如图 3.7.15 所示，点击回车键结束。

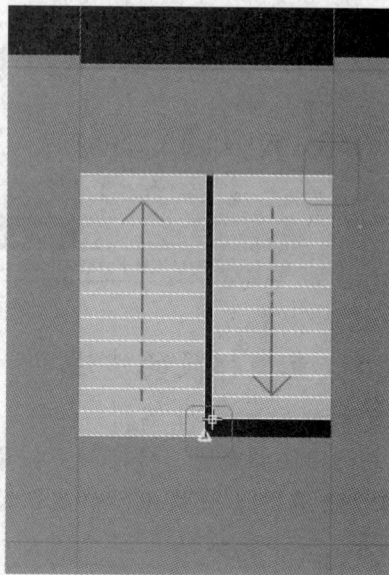

属性编辑框	무 ×
属性名称	属性值
名称	ZLT-1
材质	现浇混凝土
砼类型	(预拌砼)
砼标号	(C20)
踏步总高(m)	1800
踏步高度(m)	150
梯板厚度(m)	100
底标高(m)	层底标高+1.8(1.8)
建筑面积计	不计算
备注	
⊞ 显示样式	

图 3.7.15

2) 汇总直型梯段的工程量

直型梯段工程量如图 3.7.16 所示。

构件工程量	做法工程量			
	编码	项目名称	单位	工程量
1	020102001	石材楼地面	m2	15.81

图 3.7.16

3.7.7　靠窗栏杆的建法

1）靠窗栏杆的属性编辑

单击左侧模块导航栏"自定义"下拉菜单，单击"自定义线"，单击"构件列表"对话框中的"新建"下拉菜单，单击"新建直段楼梯"，楼梯的属性编辑建立，如图3.7.17所示。

属性名称	属性值	附加
名称	靠窗栏杆	☐
截面宽度(mm)	50	☐
截面高度(mm)	900	☐
起点顶标高(m)	层底标高+2.7	☐
终点顶标高(m)	层底标高+2.7	☐
轴线距左边线	(25)	☐
扣减优先级	要扣减点，不	☐
备注		☐

图3.7.17

2）靠窗栏杆的构件做法

靠窗栏杆的构件做法如图3.7.18所示。

	编码	类别	项目名称	单位	工程量表达式	表达式说明
1	020107001	项	金属扶手带栏杆、栏板	m	CD	CD〈长度〉

图3.7.18

左键单击"绘图"退出。

3.7.8　靠窗栏杆的画法

1）画靠窗栏杆

在软件中靠窗栏杆是用"自定义线"来定义的，自定义线和柱子没有扣减关系，所以画图的时候不能伸入柱子里，操作如下：

单击"直线"按钮，单击选择（2，D）交点上柱子右侧边线的中点，单击选择（3，D）交点上柱子右侧边线的中点，单击右键结束。

2）汇总靠窗栏杆的工程量

靠窗栏杆工程量如图3.7.19所示。

	编码	项目名称	单位	工程量
1	020107001	金属扶手带栏杆、栏板	m	2.6

图3.7.19

3.7.9　楼梯的组合及做法

1）楼梯的组合

现在我们已经把楼梯的各个部分都画好了，接下来要做的就是把这些构件组合到一起，操作如下：

单击左侧模块导航栏"楼梯"下拉菜单，单击"楼梯"，单击界面上方的"新建组合构建"，按键盘上的F3，选择属于楼梯的构件，如图3.7.20所示。

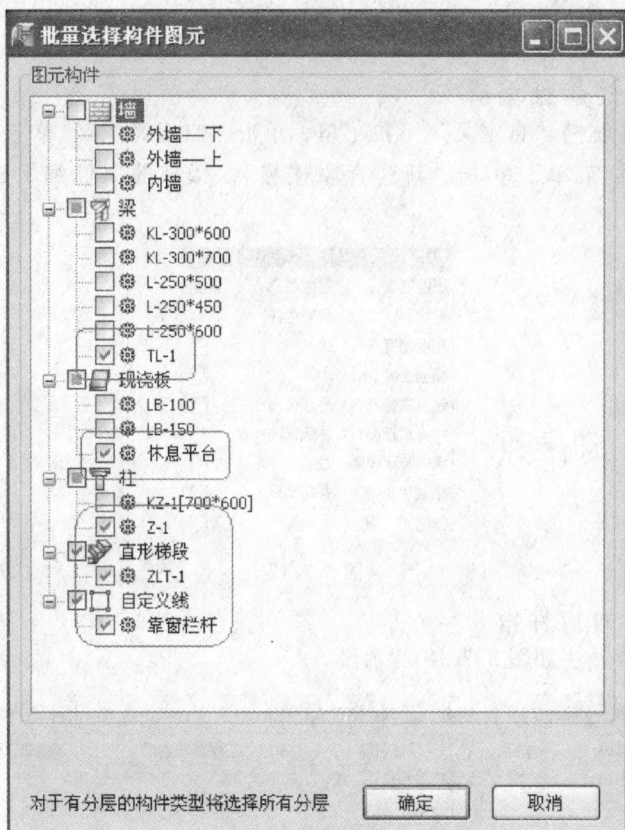

图 3.7.20

点击确定，单击右键确认选择，单击（2，C）交点，出现如图 3.7.21 所示构件。

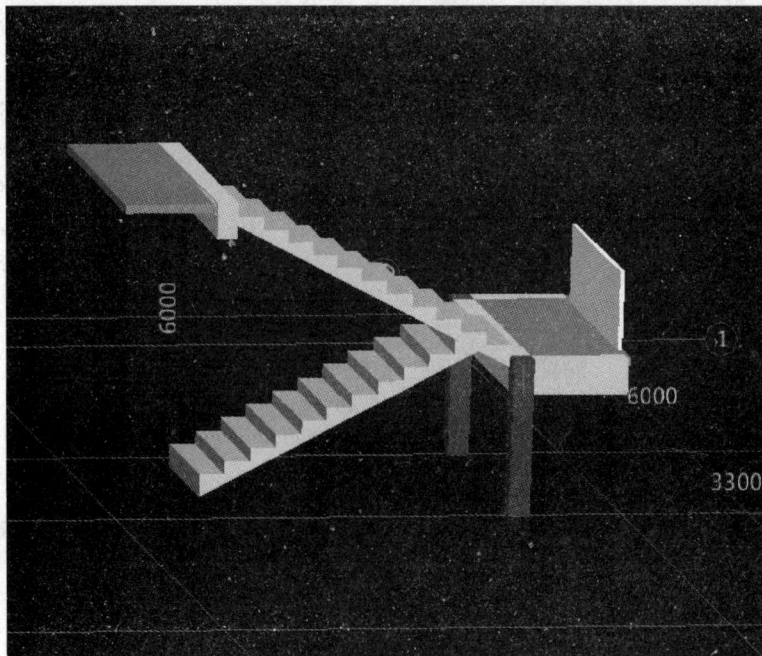

图 3.7.21

点击"确定",完成组合。

2）楼梯的构件做法

楼梯的构件做法如图 3.7.22 所示。

	编码	类别	项目名称	单位	工程量表达式	表达式说明
1	010406001	项	直型楼梯	m2	TYMJ	TYMJ〈水平投影面积〉

图 3.7.22

左键单击"绘图"退出。

3）汇总楼梯的工程量

楼梯工程量如图 3.7.23 所示。

	编码	项目名称	单位	工程量
1	010406001	直型楼梯	m2	18.8225
2	010403002	梯梁	m3	0.765
3	010405003	楼梯平板	m3	0.637
4	010402001	矩形柱(250*250)	m3	0.225
5	020102001	石材楼地面	m2	15.81
6	020107001	金属扶手带栏杆、栏板	m	2.6

图 3.7.23

3.8 首层整楼的画法

3.8.1 单元镜像

从图中我们看出 1~5 轴线与 6~10 轴线是镜像关系,下面具体讲解镜像操作步骤,块镜像:单击"选择"按钮,左键单击"楼层"下拉菜单,如图 3.8.1 所示。

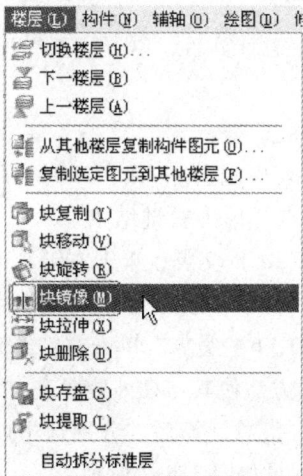

图 3.8.1

单击"块镜像",拉框选择镜像的构件,单击右下角捕捉工具栏中的"中点",如图 3.8.2 所示。

图 3.8.2

单击 5~6 轴线间的两处中点（黄色小三角），出现如图 3.8.3 所示的对话框。

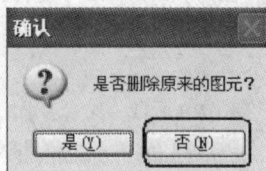

图 3.8.3

左键单击"否"即可。

3.8.2 画首层 5~6 轴线中间的构件

1）弧形梁的画法

（1）画弧形梁。单击模块导航栏中"梁"下拉菜单，单击"梁"，从构件列表中选择"L 250 * 600"，左键单击"三点画弧"后面的小三角形，出现如图 3.8.4 所示对话框，选择"逆小弧"。

输入半径 5070，如图 3.8.5 所示。

单击（D，6）的相交点，单击（D，5）交点，单击右键结束。

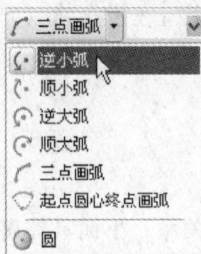

图 3.8.4   图 3.8.5

（2）汇总弧形梁的工程量。汇总计算后，单击"查看工程量"功能键，单击弧形梁，弧形梁的工程量如图 3.8.6 所示。

2）画 5~6 轴线处的四根直梁

（1）画 4 根直梁。从构件列表中选择"KL-300 * 700"，单击"直线"画法，单击（A，5）交点，单击（A，6）交点，单击右键结束。

单击（B，5）交点，单击（B，6）交点，单击右键结束。

单击（C，5）交点，单击（C，6）交点，单击右键结束。

单击（D，5）交点，单击（D，6）交点，单击右键结束。

A 轴线、D 轴线的梁用对齐的方法使其与柱外侧对齐。

（2）汇总四个直梁的工程量。汇总计算后，分别选中四个 KL-300 * 700，单击"查看工程量"功能键，四个直梁的工程量如图 3.8.7 所示。

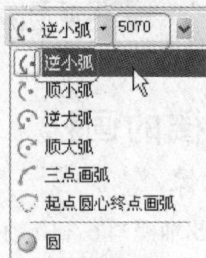

图 3.8.6   图 3.8.7

（3）画弧墙。单击"墙"下拉菜单，单击"墙"，从构件列表界面中选择"外墙—下"，单击"三点画弧"，单击（D，5）的相交点，点住键盘上的 Shift 键，单击 D 轴线的中点

（黄色小三角），Y 方向输入 1500，单击（D，6）交点，单击右键结束。

"外墙—上"画法相同。

（4）画 C 轴线上的墙。在构件列表里选择"内墙"，单击"直线"按钮，单击（C，5）交点，单击（C，6）交点，单击右键结束。

（5）画 A 轴线上的墙。在构件列表里选择"外墙—下"，单击"直线"按钮，单击（A，5）交点，单击（A，6）交点，单击右键结束。

A 轴线的"外墙—下"用单对齐的方法使其与柱外侧对齐。"外墙—上"画法相同。

（6）画弧形墙上的窗。单击"门窗洞"菜单的"窗"，在构件列表中选择"C-3"，单击"点"，单击弧形墙中间位置。

（7）画 A 轴线、C 轴线墙上的门。单击"门窗洞"菜单的"门"，在构件列表中选择"M-1"，单击"点"，单击 A 轴线的 5~6 段墙的中点。

选择"M-2"，单击"点"，把鼠标拖到 C 轴线上 5~6 段墙上，点击键盘上的 Tab 键，把光标切换到左侧栏里，输入 350，点击键盘上的回车键结束，再点击键盘上的 Tab 键，把光标切换到右侧栏里，输入 350，点击键盘上的回车键结束。

（8）画 C 轴线门上的过梁。单击"门窗洞"下拉菜单，单击"过梁"，在构件列表中选择"GL-1"，单击"点"按钮，单击 C 轴线 5~6 段上的"M-2"就可以了。

（9）汇总 A 轴线、C 轴线/5~6 段以及弧形墙的工程量。汇总计算后，单击"墙"下拉菜单，单击"普通墙"，单击"选择"按钮，选中 A 轴线的 5~6 段、C 轴线/5~6 段以及弧形处的墙，单击"查看工程量"按钮，5~6 轴线之间墙的工程量如图 3.8.8 所示。

	编码	项目名称	单位	工程量
1	010304001	空心砖墙、砌块墙（内墙）	m3	2.8508
2	010304001	空心砖墙、砌块墙（外墙—上）	m3	2.7581
3	010304001	空心砖墙、砌块墙（外墙—下）	m3	2.0744

图 3.8.8

（10）画 5~6 轴线处的板及汇总工程量。

①画板：单击"板"下拉菜单中的"板"，在构件列表中选择"LB-100"，单击"点"按钮，分别在 LB-100 的位置单击左键。"LB-150"画法同前。

②汇总工程量：汇总计算后，单击"选择"按钮，选中 5~6 轴线处的板，单击"查看工程量"按钮，5~6 轴线之间板的工程量如图 3.8.9 所示。

	编码	项目名称	单位	工程量
1	010405001	有梁板（B100）	m3	1.863
2	010405001	有梁板（B150）	m3	12.7871

图 3.8.9

3.9　台阶的建法及画法

3.9.1　台阶的建法

1）台阶的属性编辑

单击左侧模块导航栏中"其他"下拉菜单，单击"台阶"，单击"构件列表"对话框中的"新建"下拉菜单，单击"新建台阶"，在下方"属性编辑框"输入相应属性，如图 3.9.1 所示。

属性编辑框

属性名称	属性值	附加
名称	TAIJ-1	
材质	现浇混凝土	☐
砼类型	(预拌砼)	☐
砼标号	(C20)	☐
顶标高(m)	层底标高	☐
台阶高度(mm)	450	☐
踏步个数	3	☐
踏步高度(mm)	150	☐
备注		☐

图 3.9.1

2）台阶的构件做法

台阶的构件做法，如图 3.9.2 所示。

添加清单　添加定额　删除　项目特征　查询　换算　选择代码　编辑计算式

	编码	类别	项目名称	单位	工程量表达式	表达式说明
1	020108001	项	石材台阶面	m2	MJ	MJ<台阶整体水平投影面积>

图 3.9.2

左键单击“绘图”退出。

3.9.2 台阶的画法

1）画台阶

选择“台阶”，单击“矩形”按钮，点住键盘上的 Shift 键，单击（A，5）交点，在偏移对话框里输入 X、Y 值，如图 3.9.3 所示。

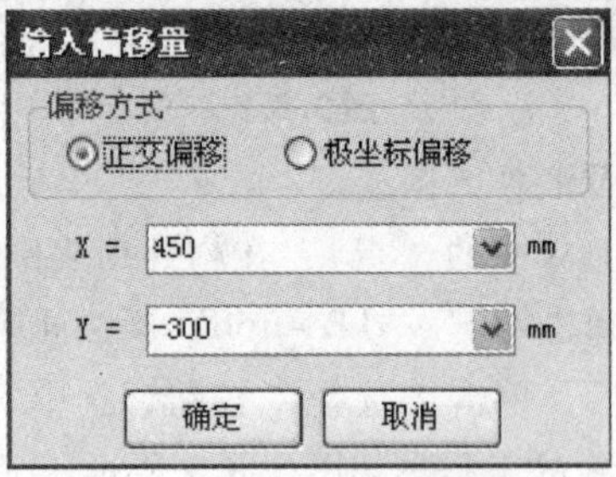

图 3.9.3

点住键盘上的 Shift 键，单击（A，5）交点，在偏移对话框里输入 X、Y 值，如图 3.9.4 所示。

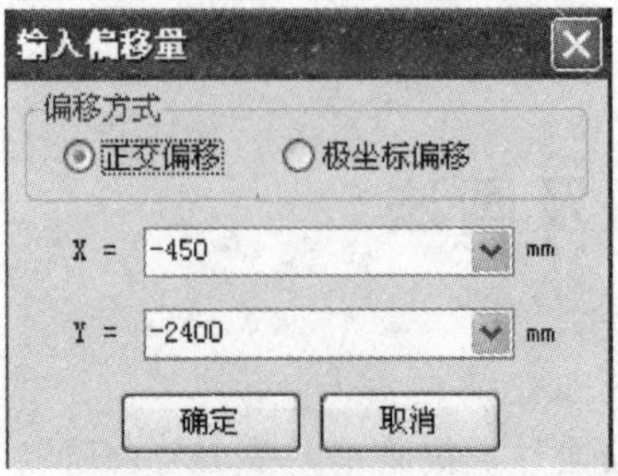

图 3.9.4

单击"确定"。对照图纸，图纸中的台阶是有踏步的，所以接下来要完成踏步的设置，单击"设置台阶踏步边"，依次点击台阶未靠墙的三侧边，右键确认，输入踏步宽度300，单击"确定"，完成台阶绘制。

2）汇总台阶的工程量

台阶的工程量如图3.9.5所示。

构件工程量	做法工程量			
	编码	项目名称	单位	工程量
1	020108001	石材台阶面	m2	13.23

图3.9.5

3.10 散水的建法及画法

3.10.1 散水的建法

1）散水的属性编辑

单击左侧模块导航栏中"其他"下拉菜单中的"散水"，单击"构件列表"对话框中的"新建"下拉菜单，单击"新建散水"，在下方"属性编辑框"输入相应属性如图3.10.1所示。

属性编辑框		中 ×
属性名称	属性值	附加
名称	散水	
材质	现浇混凝土	☐
厚度(mm)	100	☐
砼类型	(预拌砼)	☐
砼标号	(C20)	☐
备注		☐

图3.10.1

2）散水的构件做法

散水的构件做法，如图3.10.2所示。

	编码	类别	项目名称	单位	工程量表达式	表达式说明
1	010407002	项	散水、坡道	m2	MJ	MJ〈面积〉

添加清单 添加定额 ✕删除 ▣项目特征 🔍查询 ▾ ƒ换算 选择代码 ✎编辑计算式

图3.10.2

左键单击"绘图"退出。

3.10.2 散水的画法

1）画散水

选择"散水"，单击"智能布置"下拉菜单，单击"外墙外边线"，出现如图3.10.3所示对话框，填写偏移值1000，单击"确定"，散水就布置好了。

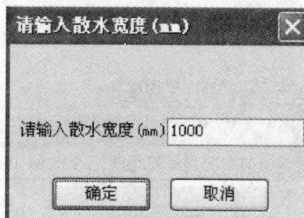

请输入散水宽度(mm)	✕

请输入散水宽度(mm) 1000

确定　　取消

图3.10.3

2) 汇总散水的工程量
散水的工程量如图 3.10.4 所示。

	编码	项目名称	单位	工程量
	构件工程量	做法工程量		
1	010407002	散水、坡道	m2	130.5263

图 3.10.4

3.11　平整场地的建法及画法

3.11.1　平整场地的建法

1) 平整场地的建法
单击左侧模块导航栏"其他"下拉菜单,单击"平整场地",单击"构件列表"对话框中的"新建"下拉菜单,单击"新建平整场地",在"属性编辑框"输入相应属性如图 3.11.1 所示。

属性编辑框		卆 ×
属性名称	属性值	附加
名称	平整场地	
场平方式	机械	□
备注		□

图 3.11.1

2) 平整场地的做法
平整场地的构件做法,如图 3.11.2 所示;

	编码	类别	项目名称	单位	工程量表达式	表达式说明
1	010101001	项	平整场地	m2	MJ	MJ<面积>

图 3.11.2

左键单击"绘图",退出。

3.11.2　平整场地的画法

1) 画平整场地
选择"平整场地",单击"点"按钮,在墙内任意位置左键单击即可。

2) 汇总平整场地的工程量
平整场地的工程量如图 3.11.3 所示。

	编码	项目名称	单位	工程量
	构件工程量	做法工程量		
1	010101001	平整场地	m2	794.0982

图 3.11.3

3.12 汇总首层的工程量

首层工程量汇总表

序号	编 码	项 目 名 称	单位	工程量
1	010101001001	平整场地	m²	794.0982
2	010304001001	空心砖墙、砌块墙（内墙）	m³	100.6309
3	010304001002	空心砖墙、砌块墙（外墙）	m³	31.8431
4	010304001003	空心砖墙、砌块墙（外墙－下）	m³	24.6644
5	010402001001	矩形柱（700×600）	m³	60.48
6	010402001002	矩形柱（200×200）	m³	0.288
7	010405001001	有梁板（梁）	m³	59.3871
8	010403002001	梯梁	m³	1.1026
9	010405001001	有梁板（B100）	m³	23.6628
10	010405001002	有梁板（B150）	m³	62.4779
11	010405003001	楼梯平板	m³	1.392
12	010406001001	直形楼梯	m²	37.645
13	010407001001	过梁	m³	0.4896
14	010407002001	散水、坡道	m²	130.5263
15	020107001001	金属扶手带栏杆、栏板	m	5.2
16	020108001001	石材台阶面	m²	13.23
17	020401004001	胶合板门（750×2100）	樘	4
18	020401004002	胶合板门（900×2400）	樘	16
19	020404005001	全玻门（带扇框）（4500×2900）	樘	1
20	020406007001	塑钢窗（3000×2100）	樘	10
21	020406007002	塑钢窗（1500×2100）	樘	10
22	020406007003	塑钢窗（3900×2100）	樘	1

第4单元　楼层复制及修改

4.1　二层的绘制

4.1.1　复制一层到二层

画完一层的构件，我们要把一层复制到二层。

将楼层切换到第二层，单击"选择"按钮，单击"楼层"下拉菜单，单击"从其他楼层复制构件图元"，如图4.1.1所示。

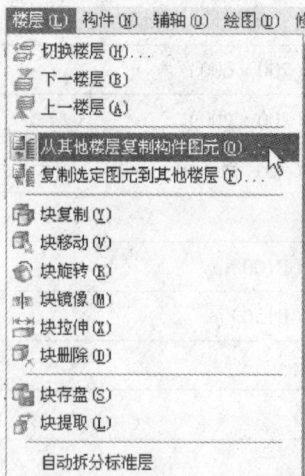

图 4.1.1

选择需要复制到二层的构件，如图4.1.2所示。

图 4.1.2

单击"确定"，出现"复制完成"对话框，再单击"确定"。

4.1.2 修改二层的构件

二层构件复制完成后，对照首层、二层的图纸，发现上下两层有构件不同的，需要修改、添加、删除构件，对于二层构件的修改操作如下：

1）修改 M-1 为 C-4

在第二层中，C-4 并没有新建，但是我们在首层练习画窗的时候已经新建过 C-4，只需要把首层的 C-4 复制上来即可，操作如下：

首先单击"门窗洞"下拉菜单，单击"窗"，单击"定义"按钮，切换到定义界面，单击"从其他楼层复制构件"按钮，选择 C-4，单击"确定"即复制完成，单击"绘图"，退出。

单击"门"，单击"选择"按钮，选中图中的"M-1"，单击右键出现右键菜单，单击"修改构件图元名称"，出现"修改构件图元名称"对话框，如图 4.1.3 所示，单击"目标构件"下的"C-4"。

单击"确定"，完成 C-4 替换 M-1。

2）修改二层外墙的底标高

单击"墙"下拉菜单，单击"墙"，单击"选择"按钮，按键盘上的 F3，选择"外墙—上"，在上下编辑框中修改外墙属性，如图 4.1.4 所示。

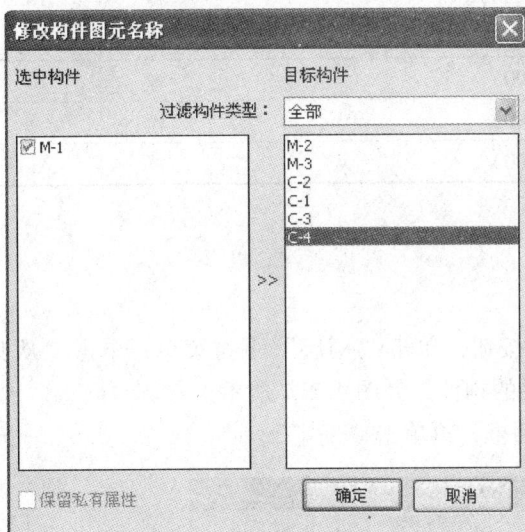

图 4.1.3

图 4.1.4

3）增加 B/5~6 轴线的墙 200

选择"内墙"，单击（B，5）交点，单击（B，6）交点，单击右键结束。

4）增加 B/5~6 轴线墙上的 M-2

单击"门"下拉菜单，单击"门"选择"M-2"，单击"点"按钮，鼠标拖动到 B 轴线上 5~6 轴线之间的位置，点击键盘上的 Tab 键，把光标切换到左侧栏里，输入 350，点击键盘上的回车键结束，再点击键盘上的 Tab 键，把光标切换到右侧栏里，输入 350，点击键盘上的回车键结束。

5）增加 B/5~6 轴线 M-2 上的过梁

单击"过梁"，选择"GL-1"，单击"点"按钮，单击 B 轴线上 5~6 轴线之间刚画的 M-2。

6）汇总二层的工程量

二层工程量汇总表

序号	编 码	项 目 名 称	单位	工程量
1	010304001001	空心砖墙、砌块墙（内墙）	m^3	103.4877
2	010304001002	空心砖墙、砌块墙（外墙）	m^3	57.5199
3	010402001001	矩形柱（200×200）	m^3	0.288
4	010402001002	矩形柱（700×600）	m^3	60.48
5	010405001001	有梁板（梁）	m^3	59.3871
6	010403002006	梯梁	m^3	1.1026
7	010405001001	有梁板（B100）	m^3	23.6628
8	010405001002	有梁板（B150）	m^3	62.4779
9	010405003001	楼梯平板	m^3	1.392
10	010406001001	直形楼梯	m^2	37.645
11	010407001001	过梁	m^3	0.5388
12	020107001001	金属扶手带栏杆、栏板	m	5.2
13	020401004001	胶合板门（750×2100）	樘	4
14	020401004002	胶合板门（900×2400）	樘	18
15	020406007001	塑钢窗（3000×2100）	樘	10
16	020406007002	塑钢窗（1500×2100）	樘	10
17	020406007003	塑钢窗（3900×2100）	樘	1
18	020406007004	塑钢窗（4500×2000）	樘	1

4.2 三层的绘制

4.2.1 复制二层到三层

将楼层切换到第三层，单击"选择"按钮，单击"楼层"下拉菜单，单击"从其他楼层复制构件图元"，选择需要复制到三层的构件，如图 4.2.1 所示。

单击"确定"，出现"复制完成"对话框，再单击"确定"。

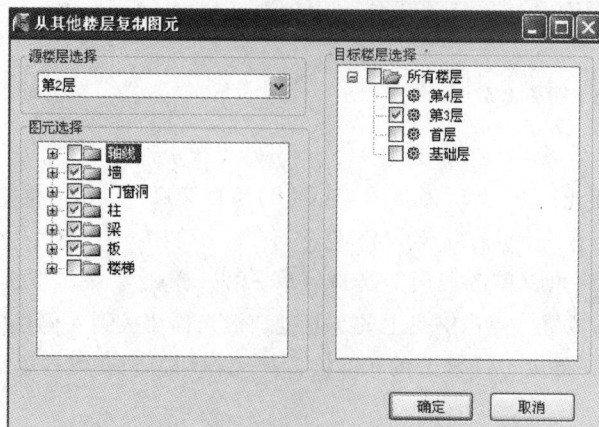

图 4.2.1

4.22　修改三层的构件

1）删除卫生间上的次梁

单击"梁"下拉菜单，单击"梁"，单击"选择"按钮，选中两个卫生间上的次梁，单击右键出现右键菜单，单击"删除"，出现"确认"对话框，单击"是"。

2）修改卫生间上的板为 LB – 150

单击"板"下拉菜单，单击"现浇板"，单击"选择"按钮，分别单击两个卫生间上的三块板，单击属性编辑框中的名称属性值，下拉菜单中选择 LB – 150，出现"确认"对话框，单击"是"，完成。

3）合并卫生间上的板

单击"选择"按钮，分别单击两个卫生间上的三块板，单击右键出现右键菜单，单击"合并板"，出现"确认"对话框，单击"是"，出现"提示"对话框，单击"确定"，单击右键结束。

4）画楼梯间上的板

单击"板"下拉菜单，单击"现浇板"，选择"LB – 100"单击"点"按钮，分别单击两个楼梯间位置的空间。

5）汇总三层的工程量

三层工程量汇总表

序号	编　码	项　目　名　称	单位	工程量
1	010304001001	空心砖墙、砌块墙（内墙）	m³	105.6022
2	010304001002	空心砖墙、砌块墙（外墙）	m³	57.5199
3	010402001002	矩形柱（700×600）	m³	60.48
4	010405001001	有梁板（梁）	m³	56.9277
5	010405001001	有梁板（B100）	m³	20.2968
6	010405001002	有梁板（B150）	m³	72.8324
7	010407001001	过梁	m³	0.5388
8	020401004001	胶合板门（750×2100）	樘	4
9	020401004002	胶合板门（900×2400）	樘	18
10	020406007001	塑钢窗（3000×2100）	樘	10
11	020406007002	塑钢窗（1500×2100）	樘	10
12	020406007003	塑钢窗（3900×2100）	樘	1
13	020406007004	塑钢窗（4500×2000）	樘	1

第 5 单元　屋面层的绘制

5.1　女儿墙的绘制

5.1.1　复制三层的墙 250 到四层

将楼层切换到第四层，单击"选择"按钮，单击"楼层"下拉菜单，单击"从其他楼层复制构件图元"，只保留"外墙"前面的小方框"√"，如图 5.1.1 所示，单击"确定"，出现"提示"对话框，单击"确定"。

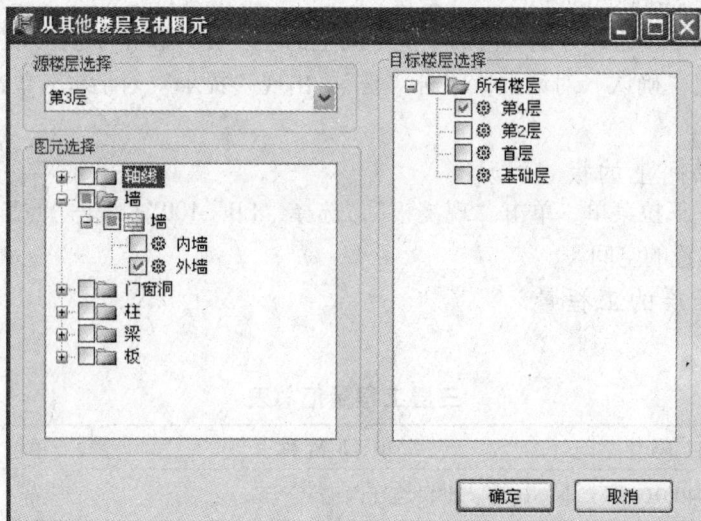

图 5.1.1

5.1.2　修改女儿墙的构件

1）修剪弧形墙

单击左侧模块导航栏中"墙"下拉菜单，单击"墙"，单击"选择"，选中 D 轴线上的一段直型墙，单击"修剪"按钮，点击弧形墙的两处端头，右键确认结束。

单击"选择"，单击弧形墙，单击"延伸"按钮，点击 D 轴线上的直型墙，右键确认结束。

2）汇总女儿墙的工程量

女儿墙的工程量如图 5.1.2 所示。

	编码	项目名称	单位	工程量
1	010304001	空心砖墙、砌块墙(外墙)	m3	19.7798

图 5.1.2

5.2　构造柱的绘制

5.2.1　构造柱 GZ-1 的属性与做法

单击左侧模块导航栏中"柱"下拉菜单，单击"构造柱"，单击"构件列表"对话框

中的"新建"下拉菜单，单击"新建矩形构造柱"，构造柱 GZ－1 的属性与做法，如图
5.2.1、图5.2.2 所示。

属性编辑框		
属性名称	属性值	附加
名称	GZ-1	
类别	带马牙槎	☐
材质	现浇混凝土	☐
砼类型	(预拌砼)	☐
砼标号	(C25)	☐
截面宽度(mm)	250	☐
截面高度(mm)	250	☐
截面面积(m2)	0.0625	☐
截面周长(m)	1	☐
马牙槎宽度(mm)	60	☐
顶标高(m)	层顶标高	☐
底标高(m)	层底标高	☐
备注		☐

图 5.2.1

	编码	类别	项目名称	单位	工程量表达式	表达式说明
1	010402001	项	矩形柱(GZ-1)	m3	TJ	TJ〈体积〉

添加清单　添加定额　✕删除　▣项目特征　🔍查询 ▾　換算　选择代码　编辑计算式

图 5.2.2

5.2.2　画构造柱

1）画辅助轴线

画构造柱之前需要先画辅助轴线，操作步骤如下：

单击界面上方的"平行"按钮，按照建施－06画辅助轴线，如图5.2.3所示。

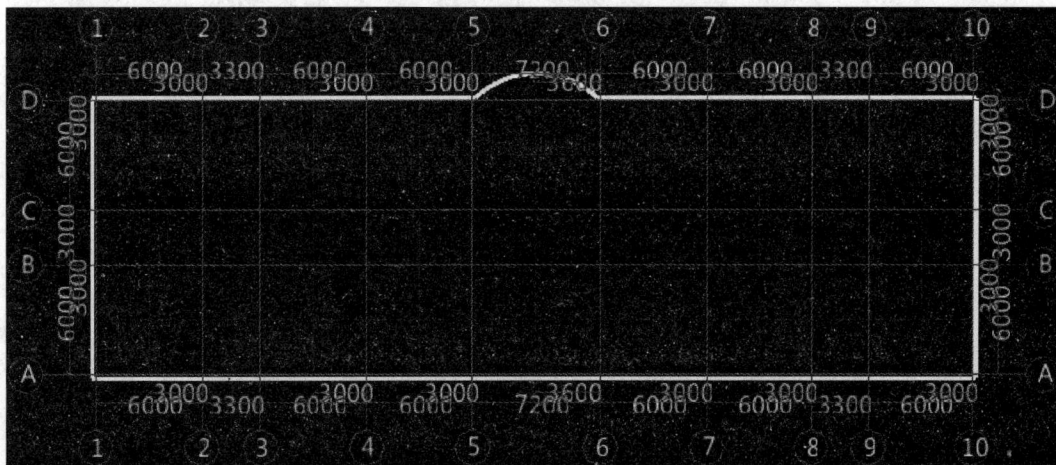

图 5.2.3

2）画构造柱

选择"GZ－1"，单击"点"，按照建施－06先把构造柱画到相应的交点上。

3）设置构造柱靠墙边

单击"选择"按钮，拉框选择 1 轴线的所有柱子，单击左侧"对齐"下拉菜单，单击"多对齐"，出现线框后，单击 1 轴线墙的左侧边线。

其他墙上的构造柱可以直接选中后点击鼠标的右键，出现线框后再点击墙边线。

4）汇总构造柱的工程量

屋面层构造柱的工程量如图 5.2.4 所示。

	编码	项目名称	单位	工程量
1	010402001	矩形柱(GZ-1)	m3	1.9523

图 5.2.4

5.3　压顶的绘制

5.3.1　压顶的属性与做法

左键单击"其他"下拉菜单，单击"压顶"，单击"构件列表"对话框中的"新建"下拉菜单，单击"新建异形压顶"出现"多边形编辑器"，单击"定义网格"，输入水平和垂直方向的数据，如图 5.3.1 所示。

点击确定，在出现的"多边形编辑器"里画出图纸上所要求的异形截面，如图 5.3.2 所示。

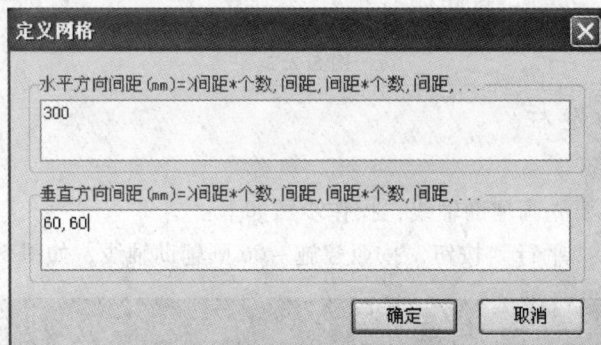

图 5.3.1

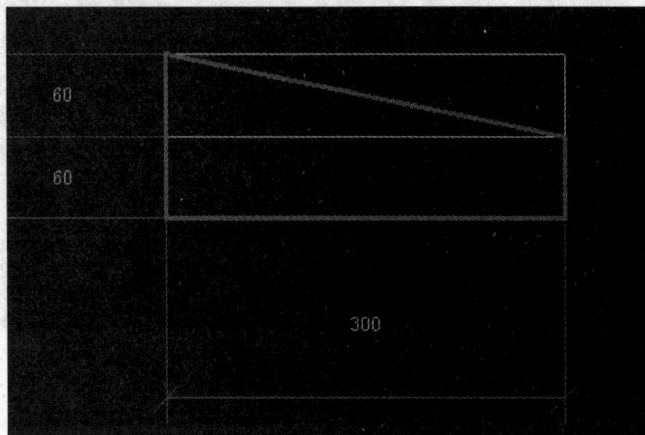

图 5.3.2

压顶的属性与做法，如图 5.3.3、图 5.3.4 所示。

图 5.3.3

图 5.3.4

左键单击"绘图"退出。

图 5.3.5

5.3.2 画压顶

1）画压顶

选择"压顶"，单击"智能布置"下拉菜单，单击"墙中心线"，拉框选择"外墙"，单击右键结束。

选择"墙"，选中所有墙，调整墙的顶标高，如图 5.3.5 所示。

选择"构造柱"，选中所有构造柱，调整构造柱的顶标高，如图 5.3.6 所示。

属性编辑框

属性名称	属性值
名称	GZ-1
类别	带马牙槎
材质	现浇混凝土
砼类型	(预拌砼)
砼标号	(C25)
截面宽度(m)	250
截面高度(m)	250
截面面积(m)	0.0625
截面周长(m)	1
马牙槎宽度	60
顶标高(m)	层顶标高-0.12
底标高(m)	层底标高(10.8)
备注	
+ 显示样式	

图 5.3.6

2) 汇总压顶的工程量

压顶的工程量如图 5.3.7 所示。

构件工程量　做法工程量

	编码	项目名称	单位	工程量
1	010407001	压顶	m3	3.5604

图 5.3.7

5.4 屋面的绘制

5.4.1 屋面的属性与做法

左键单击“其他构件”下拉菜单，单击“屋面”，单击“新建”下拉菜单，单击“新建屋面”，屋面的属性与做法，如图 5.4.1、图 5.4.2 所示。

属性编辑框

属性名称	属性值	附加
名称	屋面	
顶标高(m)	层底标高	☐
备注		☐

图 5.4.1

添加清单　添加定额　删除　项目特征　查询　换算　选择代码　编辑计算式

	编码	类别	项目名称	单位	工程量表达式	表达式说明
1	010702001	项	屋面卷材防水	m2	FSMJ	FSMJ<防水面积>
2	010803001	项	保温隔热屋面	m2	MJ	MJ<面积>

图 5.4.2

5.4.2 画屋面

1) 画屋面

选择“屋面”，单击“点”按钮，单击女儿墙封闭的空间。

2）设置屋面卷边

单击"选择"按钮，单击画好的屋面，单击"定义屋面卷边"下拉菜单，单击"设置所有边"，出现"请输入屋面卷边高度"对话框，如图 5.4.3 所示，输入屋面卷边高度 250。

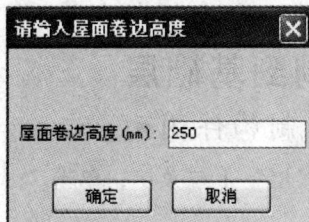

图 5.4.3

单击"确定"。

3）汇总屋面的工程量

屋面的工程量如图 5.4.4 所示。

图 5.4.4

5.5 汇总屋面层的工程量

屋面层工程量汇总表

序号	编　码	项 目 名 称	单位	工程量
1	010304001004	空心砖墙、砌块墙（外墙）	m^3	14.22544
2	010402001003	矩形柱（GZ-1）	m^3	1.5574
3	010407001002	压顶	m^3	3.5686
4	010702001001	屋面卷材防水	m^2	793.8504
5	010803001001	保温隔热屋面	m^2	761.1318

第6单元　基础层的绘制

6.1　一层构件复制到基础层

6.1.1　从其他楼层复制构件图元

单击"选择"按钮，单击"楼层"下拉菜单，单击"从其他楼层复制构件图元"，只复制墙和柱，如图6.1.1所示。

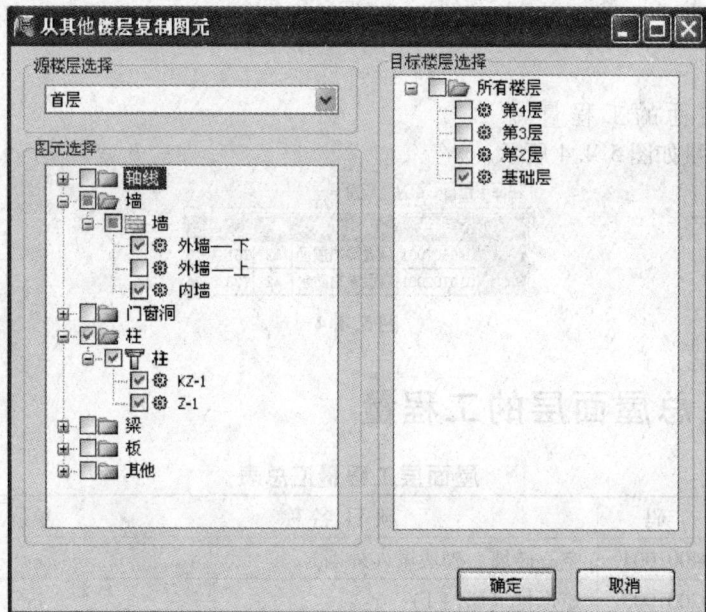

图 6.1.1

单击"确定"，出现"提示"对话框，再单击"确定"。

6.1.2　修改墙的顶标高

单击左侧模块导航栏中"墙"，单击"墙"，单击"选择"按钮，拉框选择已经画好的所有的"外墙—下"，在下方的"属性编辑框"中修改墙的顶标高为层顶，按回车键。

6.2　筏板基础

6.2.1　筏板基础的建法

1）筏板基础的属性编辑

将楼层切换到基础层，单击左侧模块导航栏中"基础"下拉菜单，单击"筏板基础"，单击"构件列表"对话框中的"新建"下拉菜单，单击"新建筏板基础"，在下方"属性编辑框"输入相应属性如图6.2.1所示。

属性名称	属性值	附加
名称	FB-1	
材质	现浇混凝土	
砼类型	(预拌砼)	
砼标号	(C20)	
厚度(mm)	500	
底标高(m)	层底标高	
备注		

图 6.2.1

2）筏板基础的构件做法

如图 6.2.2 所示。

	编码	类别	项目名称	单位	工程量表达式	表达式说明
1	010401003	项	满堂基础	m3	TJ	TJ〈体积〉

图 6.2.2

左键单击"绘图"退出。

6.2.2 筏板基础的画法

单击"直线"按钮，单击（D，1）交点，单击（D，5）交点，单击"顺小弧"按钮，输入半径 5070，单击（D，6）交点，单击"直线"按钮，单击（D，10）交点，单击（A，10）交点，单击（A，1）交点，单击（D，1）交点，单击右键结束。

1）筏板基础的偏移

单击"选择"按钮，选中画好的筏基，单击右键出现右键菜单，单击"偏移"，出现"请选择偏移方式"对话框，单击"整体偏移"，单击"确定"，鼠标往筏板基础的外侧拖动，输入偏移值 800，单击回车键。

2）设置筏板基础的边坡

单击"选择"按钮，选中画好的筏基，单击"设置所有边坡"，如图 6.2.3 所示，选择边坡节点 3，输入相应数值，单击"确定"，筏板基础边坡设置完成。

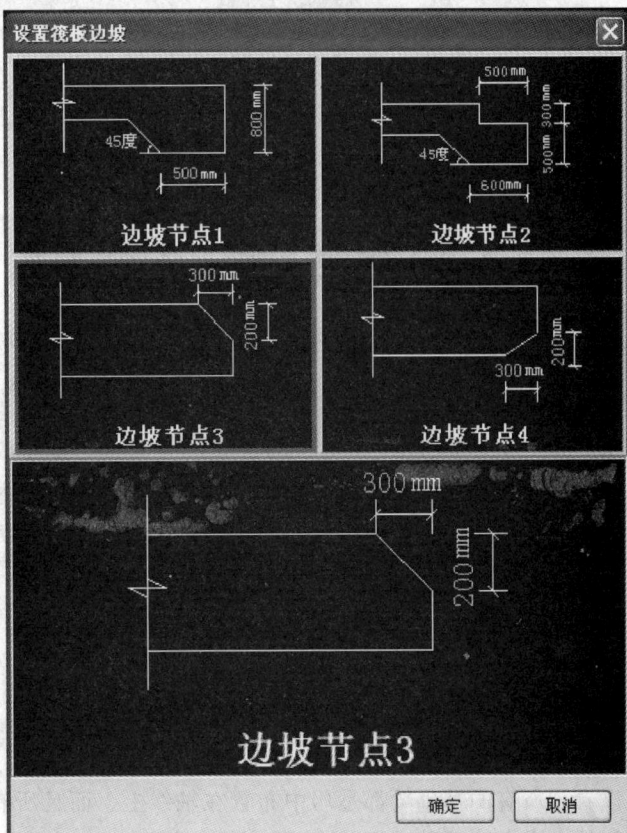

图 6.2.3

3）汇总满堂基础的工程量

满堂基础的工程量如图 6.2.4 所示。

	编码	项目名称	单位	工程量
1	010401003	满堂基础	m3	428.5718

构件工程量　做法工程量

图 6.2.4

6.3　基础梁的建法

6.3.1　基础梁的建法

1）基础梁的属性编辑

根据图纸所示，基础梁有三个，分别为 JZL-1、JZL-2、JZL-3，这三个基础梁的尺寸相同，配筋不一样，在图形软件里对于尺寸一样的构件可以合并，所以我们在这里可以只建一个构件，操作如下：

单击左侧模块导航栏中"基础梁"，单击"构件列表"对话框中的"新建"下拉菜单，单击"新建矩形基础梁"，在下方"属性编辑框"输入相应属性如图，如图 6.3.1 所示。

属性名称	属性值	附加
名称	JL-1	
类别	基础主梁	□
材质	现浇混凝土	□
砼类型	(预拌砼)	□
砼标号	(C30)	□
截面宽度(mm)	500	□
截面高度(mm)	800	□
截面面积(m2)	0.4	□
截面周长(m)	2.6	□
起点顶标高(m)	-0.7	□
终点顶标高(m)	-0.7	□
轴线距梁左边	(250)	□
备注		□

属性编辑框

图 6.3.1

2）基础梁的构件做法

基础梁的构件做法，如图 6.3.2 所示。

添加清单　添加定额　✕ 删除　│ 项目特征　查询 ▾　换算 ▾　│ 选择代码　编辑计算式

	编码	类别	项目名称	单位	工程量表达式	表达式说明
1	010403001	项	基础梁	m3	TJ	TJ<体积>

图 6.3.2

左键单击"绘图"退出。

6.3.2　基础梁的画法

1）画基础梁

根据图纸我们可以看到所有的基础梁都是居中布置在轴线上，而且所有的轴线上都有基础梁，我们很容易想到的一个方法就是"智能布置"，操作如下：

选择"基础梁"，单击"智能布置"下拉菜单，单击"轴线"，拉框选择所有轴线，水平竖直的基础梁就画好了，用"单对齐"的方法将1、10、A、D轴线的梁靠柱子边。

接下来画弧形部分，单击"顺小弧"按钮，输入半径5070，单击（D，5）交点，单击（D，6）交点，单击右键结束。画好的基础梁如图6.3.3所示。

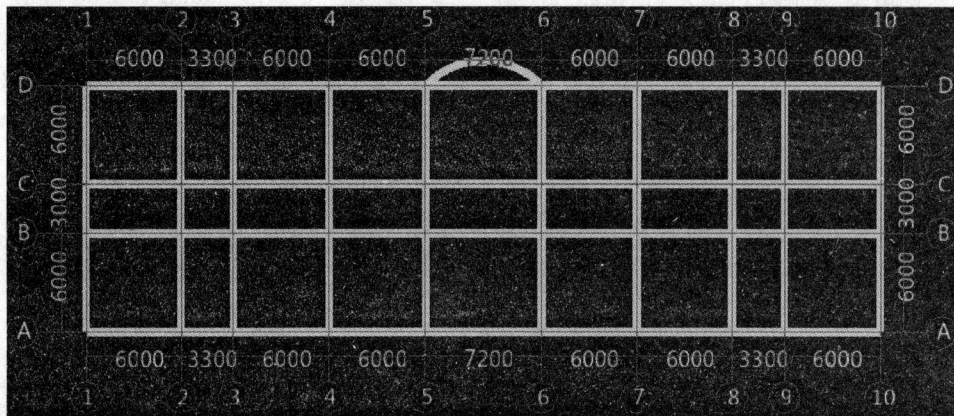

图6.3.3

2）汇总基础梁的工程量

基础梁的工程量如图6.3.4所示。

	编码	项目名称	单位	工程量
1	010403001	基础梁	m3	51.5204

构件工程量　做法工程量

图6.3.4

6.4 垫层

6.4.1 垫层的建法

1）垫层的属性编辑

单击左侧模块导航栏中单击"垫层"，单击"构件列表"对话框中的"新建"下拉菜单，单击"新建面式垫层"，在下方"属性编辑框"输入相应属性如图6.4.1所示。

属性名称	属性值	附加
名称	DC-1	☐
材质	现浇混凝土	☐
砼类型	(预拌砼)	☐
砼标号	(C10)	☐
形状	面型	☐
厚度(mm)	100	☐
顶标高(m)	基础底标高	☐
备注		☐

图6.4.1

2）垫层的构件做法

垫层的构件做法，如图6.4.2所示。

	编码	类别	项目名称	单位	工程量表达式	表达式说明
1	010401006	项	垫层	m3	TJ	TJ<体积>

添加清单　添加定额　删除　项目特征　查询　选择代码　编辑计算式

图6.4.2

左键单击"绘图"退出。

6.4.2 垫层的画法

1）画满堂基础垫层

选择"垫层"，单击"智能布置"下拉菜单，单击"筏板"，单击画好的筏板基础，单击右键，出现"请输入出边距离"对话框，输入出边距离100，单击"确定"。

2）汇总满堂基础垫层的工程量

满堂基础垫层的工程量如图6.4.3所示。

	编码	项目名称	单位	工程量
1	010401006	垫层	m3	87.5017

图 **6.4.3**

6.5 土方

1）画土方

选择"垫层"，单击"自动生成土方"，如图6.5.1所示。

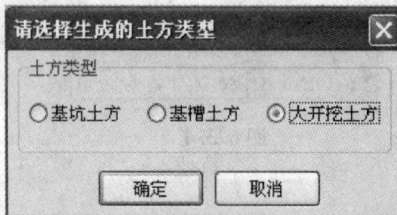

图 **6.5.1**

选择"大开挖土方"，单击"确定"，如图6.5.2所示。

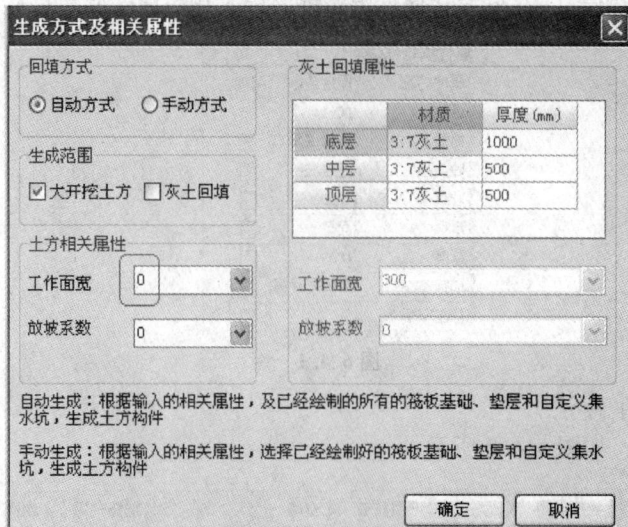

图 **6.5.2**

把工作面宽改为"0"，单击确定，大开挖土方生成，如图6.5.3所示。

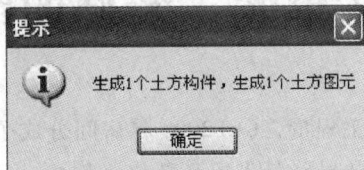

图6.5.3

单击"确定"，完成。

进入"定义"界面，套取土方的构件做法，如图6.5.4所示。

	编码	类别	项目名称	单位	工程量表达式	表达式说明
1	010101003	项	挖基础土方	m3	TFTJ	TFTJ〈土方体积〉
2	010103001	项	土(石)方回填	m3	STHTTJ	STHTTJ〈素土回填体积〉

图6.5.4

2）汇总大开挖的工程量

大开挖土方的工程量如图6.5.5所示。

	编码	项目名称	单位	工程量
1	010103001	土(石)方回填	m3	416.5575
2	010101002	挖土方	m3	1006.2697

图6.5.5

6.6　汇总基础层的工程量

基础层工程量汇总表

序号	编　码	项　目　名　称	单位	工程量
1	010101002001	挖土方	m³	1006.2697
2	010103001001	土（石）方回填	m³	416.5575
3	010304001002	空心砖墙、砌块墙（内墙）	m³	26.61
4	010304001003	空心砖墙、砌块墙（外墙）	m³	21.971
5	010401003001	满堂基础	m³	426.5731
6	010402001003	矩形柱（700×600）	m³	12.2572
7	010402001004	矩形柱（200×200）	m³	0.112
8	010403001001	基础梁	m³	51.5204
9	010401006001	垫层	m³	87.5017

第 7 单元 装修的绘制

7.1 室内装修

现在我们来做房间装修的工程量，GCL2008 将房间分成了地面、楼面、踢脚、墙面、天棚、吊顶等构件，而房间处理的思路是先定义部位（地面、楼面、踢脚、墙面、天棚、吊顶等构件），再依附（依附的同时做法也依附了进去）到房间里，再点画房间。定义地面、踢脚等构件的方法和前面定义主体的构件类似，根据图纸我们先来定义房间的各个构件。

7.1.1 首层构件的建法

我们以首层房间为例。

1）地面的属性编辑和构件做法

先把楼层切换到首层，左键单击"装修"下拉菜单，单击"楼地面"，单击"新建"下拉菜单，单击"新建楼地面"，楼地面的属性编辑建立如图 7.1.1～图 7.1.6 所示。

图 7.1.1

图 7.1.2

图 7.1.3

图 7.1.4

图 7.1.5

图 7.1.6

2) 踢脚的属性编辑和构件做法

用同样的方法建立踢脚，如图 7.1.7 ~ 图 7.1.10 所示。

属性编辑框		
属性名称	属性值	附加
名称	踢脚1	
块料厚度(mm)	0	☐
高度(mm)	120	☐
起点底标高(m)	墙底标高	☐
终点底标高(m)	墙底标高	☐
备注		☐

图 7.1.7

	编码	类别	项目名称	单位	工程量表达式	表达式说明
1	020105003	项	块料踢脚线(地砖)	m2	TJKLMJ	TJKLMJ〈踢脚块料面积〉

图 7.1.8

属性编辑框		
属性名称	属性值	附加
名称	踢脚2	
块料厚度(mm)	0	☐
高度(mm)	120	☐
起点底标高(m)	墙底标高	☐
终点底标高(m)	墙底标高	☐
备注		☐

图 7.1.9

	编码	类别	项目名称	单位	工程量表达式	表达式说明
1	020105002	项	石材踢脚线(大理石)	m2	TJMHMJ	TJMHMJ〈踢脚抹灰面积〉

图 7.1.10

3) 墙面的属性编辑和构件做法

墙面如图 7.1.11 ~ 图 7.1.14 所示。

属性编辑框		
属性名称	属性值	附加
名称	墙面1	
所附墙材质		☐
块料厚度(mm)	0	☐
内/外墙面标志	内墙面	☐
起点顶标高(m)	墙顶标高	☐
终点顶标高(m)	墙顶标高	☐
起点底标高(m)	墙底标高	☐
终点底标高(m)	墙底标高	☐
备注		☐

图 7.1.11

	编码	类别	项目名称	单位	工程量表达式	表达式说明
1	020201001	项	墙面一般抹灰(水泥砂浆)	m2	QMMHMJ	QMMHMJ〈墙面抹灰面积〉

图 7.1.12

图 7.1.13

图 7.1.14

4）吊顶的属性编辑和构件做法

吊顶如图 7.1.15 ~ 图 7.1.18 所示。

图 7.1.15

图 7.1.16

图 7.1.17

图 7.1.18

5）房心回填的属性编辑和构件做法

房心回填如图 7.1.19 ~ 图 7.1.24 所示。

图 7.1.19

	编码	类别	项目名称	单位	工程量表达式	表达式说明
1	010103001	项	土(石)方回填(房心回填)	m3	FXHTTJ	FXHTTJ〈房心回填体积〉

图 7.1.20

图 7.1.21

	编码	类别	项目名称	单位	工程量表达式	表达式说明
1	010103001	项	土(石)方回填(房心回填)	m3	FXHTTJ	FXHTTJ〈房心回填体积〉

图 7.1.22

图 7.1.23

	编码	类别	项目名称	单位	工程量表达式	表达式说明
1	010103001	项	土(石)方回填(房心回填)	m3	FXHTTJ	FXHTTJ〈房心回填体积〉

图 7.1.24

7.1.2　首层房间的建法

前面我们已经建立好房间各构件的属性和做法，在这里需要把各个构件组合成各个房间。首层房间组合见"建施-01"的"室内装修做法表"。

1）办公室的组合

单击"房间"，单击"新建"下拉菜单，单击"新建房间"，修改房间名称为"首层办公室"，单击"定义"按钮，进入依附构件类型界面，按照图纸添加构件：地面1、踢脚2、内墙面1、吊顶1，房心回填1，操作如下；

单击"楼地面",点击"添加依附构件",单击"踢脚",点击"添加依附构件",点击构件名称下拉菜单,选择"踢脚 2",单击"墙面",点击"添加依附构件",单击"吊顶",点击"添加依附构件",单击"房心回填",点击"添加依附构件",如图 7.1.25 所示。

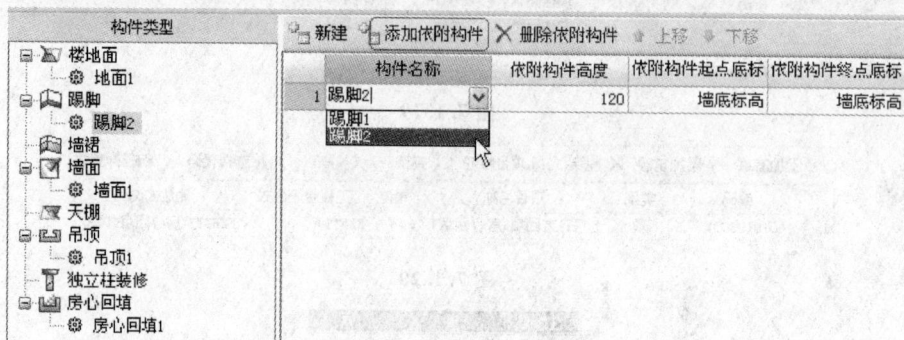

图 7.1.25

如图完成"办公室"的组合,用相同的方法组合其他房间,如图 7.1.26 ~ 图 7.1.30 所示。

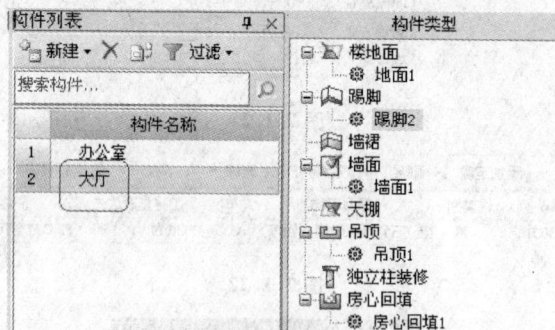

图 7.1.26

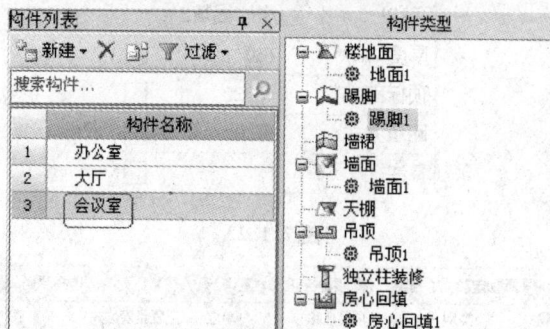

图 7.1.27

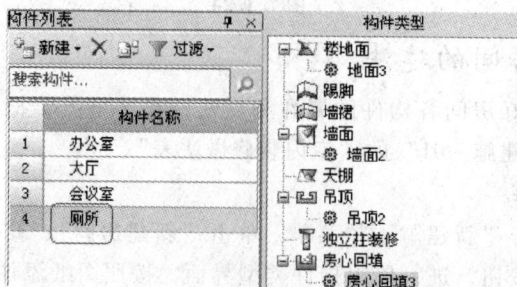

图 7.1.28

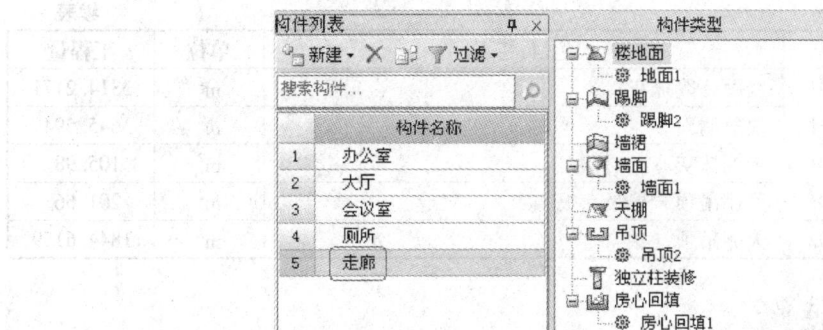

图 7.1.29

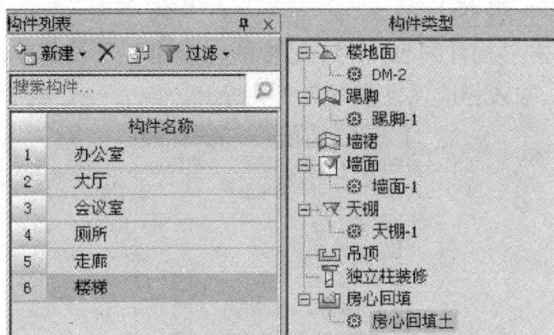

图 7.1.30

单击"绘图"退出。

2）办公室的画法

定义完所有房间后，我们需要用虚墙把所有的房间分隔出来，单击左侧模块导航栏中的"墙"下拉菜单，选择"墙"，单击"新建"，选择"新建虚墙"，单击"直线"，点击（2，C），（3，C）轴线交点，单击右键完成，相同方法完成（8，C）和（9，C）之间，（5，B）和（6，B）之间的虚墙。单击"选择"，选中画好的虚墙，单击"偏移"按钮，鼠标拖动到B/C轴之间，在光标栏里输入100，点击回车键完成。

单击"房间"，单击"点"，按照图纸建施-02，完成各个房间的绘制。

二层、三层的房间画法与首层相同，所以到二层、三层只需把多余的构件删除即可，其他房间的装修做法可以直接在首层用"复制选定构件到其他层"复制上去，在修改地面做法，删除房心回填即可。

4）汇总房间的工程量

房间工程量汇总表

序号	编　码	项目名称	单位	工程量
1	010103001002	土（石）方回填（房心回填）	m³	585.3632
2	020102001001	石材楼地面	m²	1831.2451
3	020102002001	防滑地砖	m²	110.58
4	020102002002	防滑地砖防水楼面	m²	200.988
5	020105002001	石材踢脚线	m²	123.733
6	020105003001	块料踢脚线	m²	67.7893

续表

序号	编 码	项 目 名 称	单位	工程量
7	020201001001	墙面一般抹灰	m²	3314.2171
8	020204003001	块料墙面	m²	645.594
9	020301001001	天棚抹灰	m²	105.98
10	020302001001	天棚吊顶岩棉吸音板	m²	201.66
11	020302001002	天棚吊顶（铝合金）	m²	1844.6159

7.2 室外装修

7.2.1 外墙面的建法

1）外墙面的属性编辑

单击"墙面"，单击"构件列表"对话框中的"新建"下拉菜单，单击"新建外墙面"，在下方"属性编辑框"输入相应属性如图7.2.1所示。

属性名称	属性值	附加
名称	外墙面	
所附墙材质		□
块料厚度(mm)	0	□
内/外墙面标志	外墙面	□
起点顶标高(m)	墙顶标高	□
终点顶标高(m)	墙顶标高	□
起点底标高(m)	墙底标高	□
终点底标高(m)	墙底标高	□
备注		□

图 7.2.1

2）外墙面的构件做法

板的构件做法，如图7.2.2所示。

	编码	类别	项目名称	单位	工程量表达式	表达式说明
1	020204003	项	块料墙面(瓷砖外墙面)	m2	QMKLMJ	QMKLMJ<墙面块料面积>

图 7.2.2

7.2.2 外墙裙的建法

1）外墙裙的属性编辑

单击"墙裙"，单击"构件列表"对话框中的"新建"下拉菜单，单击"新建外墙裙"，在下方"属性编辑框"输入相应属性如图7.2.3所示。

属性名称	属性值	附加
名称	外墙裙	
所附墙材质		□
高度(mm)	900	□
内/外墙裙标志	外墙裙	□
块料厚度(mm)	0	□
起点底标高(m)	墙底标高	□
终点底标高(m)	墙底标高	□
备注		□

图 7.2.3

7.2.2 外墙裙的建法

1）外墙裙的属性编辑

单击"墙裙"，单击"构件列表"对话框中的"新建"下拉菜单，单击"新建外墙裙"，在下方"属性编辑框"输入相应属性如图7.2.3所示。

属性名称	属性值	附加
名称	外墙裙	
所附墙材质		☐
高度(mm)	900	☐
内/外墙裙标志	外墙裙	☐
块料厚度(mm)	0	☐
起点底标高(m)	墙底标高	☐
终点底标高(m)	墙底标高	☐
备注		☐

图 7.2.3

2）外墙裙的构件做法

板的构件做法，如图7.2.4所示。

	编码	类别	项目名称	单位	工程量表达式	表达式说明
1	020204001	项	石材墙面(外墙裙)	m2	QQKLMJ	QQKLMJ〈墙裙块料面积〉

图 7.2.4

7.2.3 外墙面、外墙裙的画法

楼层切换到首层，单击"外墙面"，单击"智能布置"，选择"墙材质"，在出现的"选择附着墙材质"对话框里选择"砌块"和"砖"，单击"确定"。

单击"外墙裙"，单击"智能布置"，选择"墙材质"，在出现的"选择附着墙材质"对话框里选择"砌块"，单击"确定"。这样首层的外墙面，外墙裙就画好了。

其他楼层的外墙面画法相同。

7.2.4 汇总室外装修的工程量

室外装修工程量汇总见表7.2.1。

室外装修工程量汇总表 表 7.2.1

序号	编码	项目名称	单位	工程量
1	020204001001	石材墙面（外墙裙）	m²	115.0636
2	020204003002	块料墙面（瓷砖外墙面）	m²	1242.1619

第8单元 答 案

8.1 整楼汇总计算

当画完所有构件时，就可以全楼汇总，操作步骤如下：单击"汇总计算"，单击"全选"，如图8.1.1所示，单击"计算"即可。

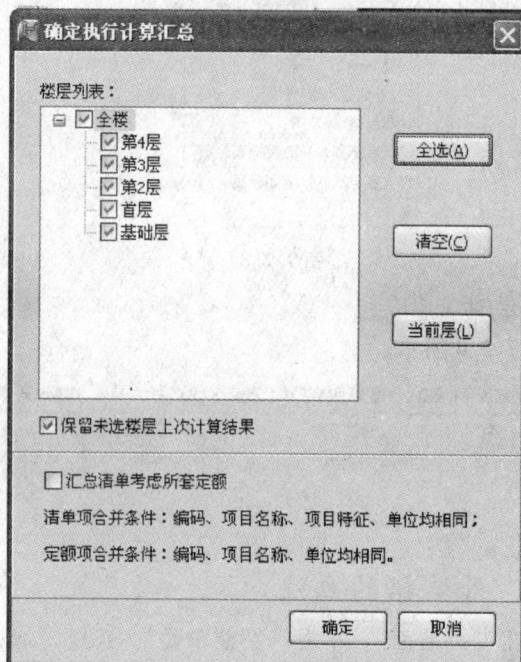

图8.1.1

8.2 报表输出

单击"报表预览"，整楼的工程量汇总表如表所示。

整楼工程量汇总表

序号	编 码	项 目 名 称	单位	工程量
1	010101001001	平整场地	m²	794.0982
2	010101003001	挖基础土方	m³	1006.2697
3	010103001001	土（石）方回填	m³	151.7063
4	010103001002	土（石）方回填（房心回填）	m³	585.3631
5	010304001001	空心砖墙、砌块墙（内墙）	m³	336.3308
6	010304001002	空心砖墙、砌块墙（外墙－下）	m³	46.6354
7	010304001004	空心砖墙、砌块墙（外墙）	m³	161.1372
8	010401003001	满堂基础	m³	426.5731
9	010402001001	矩形柱（200×200）	m³	0.576
10	010402001002	矩形柱（700×600）	m³	193.6572

续上表

序号	编 码	项 目 名 称	单位	工程量
11	010402001003	矩形柱（GZ-1）	m³	1.5574
12	010403001001	基础梁	m³	51.5204
13	010405001001	有梁板（梁）	m³	175.7019
14	010403002006	梯梁	m³	2.205
15	010405001001	有梁板（B100）	m³	67.6224
16	010405001002	有梁板（B150）	m³	197.7882
17	010405003001	楼梯平板	m³	2.784
18	010406001001	直形楼梯	m²	75.29
19	010407001001	过梁	m³	1.5672
20	010407001002	压顶	m³	3.5686
21	010407002001	散水、坡道	m²	130.5263
22	010702001001	屋面卷材防水	m²	793.8504
23	010803001001	保温隔热屋面	m²	761.1318
24	020102001001	石材楼地面	m²	1831.2451
25	020102002001	防滑地砖	m²	110.58
26	020102002002	防滑地砖防水楼面	m²	200.988
27	020105002001	石材踢脚线	m²	123.733
28	020105003001	块料踢脚线	m²	67.7893
29	020201001001	墙面一般抹灰	m²	3314.2171
30	020204003001	块料墙面	m²	645.594
31	020204001001	石材墙面（外墙裙）	m²	115.0636
32	020204003002	块料墙面（瓷砖外墙面）	m²	1242.1619
33	020301001001	天棚抹灰	m²	105.98
34	020302001001	天棚吊顶岩棉吸音板	m²	201.66
35	020302001002	天棚吊顶（铝合金）	m²	1844.6159
36	020107001001	金属扶手带栏杆、栏板	m	10.4
37	020108001001	石材台阶面	m²	13.23
38	020401004001	胶合板门（750×2100）	樘	12
39	020401004002	胶合板门900×2400）	樘	52
40	020404005001	全玻门（带扇框）（4500×2900）	樘	1
41	020406007001	塑钢窗（3000×2100）	樘	30
42	020406007002	塑钢窗（1500×2100）	樘	30
43	020406007003	塑钢窗（3900×2100）	樘	3
44	020406007004	塑钢窗（4500×2000）	樘	2
45	020507001001	刷喷涂料	m²	43.2
46	010401006001	垫层	m³	87.5017

续上表

序号	编　码	项 目 名 称	单位	工程量
45	020401004001	胶合板门（750×2100）	樘	12
46	020401004002	胶合板门（900×2400）	樘	52
47	020404005001	全玻门（带扇框）（4500×2900）	樘	1
48	020406007001	塑钢窗（3000×2100）	樘	30
49	020406007002	塑钢窗（1500×2100）	樘	30
50	020406007003	塑钢窗（3900×2100）	樘	3
51	020406007004	塑钢窗（4500×2000）	樘	2
52	020507001001	刷喷涂料	m²	43.2
53	010401006001	垫层	m³	87.5017